约翰-科尔曼博士

罗马俱乐部
世界新秩序的智囊团

OMNIA VERITAS®

约翰-科尔曼

约翰-科尔曼（John Coleman）是一名英国作家，也是秘密情报局的前成员。科尔曼对罗马俱乐部、乔治-西尼基金会、福布斯全球2000强、宗教间和平座谈会、塔维斯托克研究所、黑人贵族和其他与新世界秩序主题接近的组织进行了各种分析。

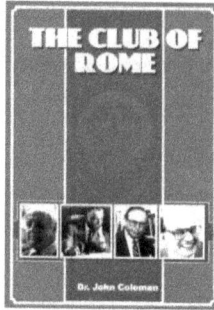

罗马俱乐部
世界新秩序的智囊团

THE CLUB OF ROME
The Think Tank of the New World Order

译自英文，由Omnia Veritas有限公司出版。

© Omnia Veritas Ltd - 2022

www.omnia-veritas.com

罗马俱乐部（COR）是主要的新世界秩序智囊团，在美国不为人知，直到1969年科尔曼博士首次揭露它，并在1970年以同样的标题出版。在300人委员会的要求下，它的存在被否认，直到25年后在罗马举行的成立周年庆祝活动。地区委员会在美国政府所有的内部和外部计划中发挥着关键作用。它与罗马、意大利或天主教会毫无**关系**。

封面:

从左到右。

亚历山大-金博士，塞缪尔-P-亨廷顿，奥雷利奥-佩切伊

第一章

法国革命的回声

为了开始理解世界事件，我们有必要认识到，20世纪的许多悲剧性和爆炸性事件并不是自己发生的，而是按照既定的模式计划的。谁是这些重大事件的策**划者和**创造者？

这些往往是暴力和革命动乱的创造者大多属于秘密社团，他们一如既往地侵扰着我们的世界。大多数时候，这些秘密社团都是基于神秘主义和入会实践，但就像所有组成秘密政府的秘密社团一样，它们都被300人委员会所控制。[1]不知情的人认为魔鬼崇拜、恶魔和巫术已经从现代社会中消失了，他们是被误导了。今天，以神秘学为基础的秘密社团，以及路西法教、黑魔法和伏都教，正在蓬勃发展，似乎比原来想象的要广泛得多。

正是我们对这些秘密组织的容忍，加上我们对这些组织及其领导人的纵容，才是我们国内和国际问题的根源。所有的麻烦、所有的革命和所有的战争都不可避

---

[1]**阴谋家**的等级制度-300人委员会的历史，Omnia Veritas有限公司，www.omnia-veritas.com。

免地归咎于一个或另一个或几个秘密社团的组合。秘密指出了一个问题，因为如果秘密社团是为了个人和国家的利益而工作，为什么需要如此深的秘密，通过它来隐藏自己、自己的组织和自己的行动？我记得，归于非洲黑人的伏都教习俗，实际上源自埃塞俄比亚人杰特罗。与伏都教一样，大多数神秘主义做法和与之相伴的秘密社团都是反基督教的，而且他们对此没有任何歉意，尽管共济会的一些成员试图掩盖或隐藏他们的反基督教教义。

然而，值得称道的是，共济会员意识到，基督不仅仅是一个宗教领袖。共济会相信，基督是来改变世界面貌的，他反对秘密社团。这就是为什么这么多秘密社团让其信徒反对基督教。基督一开始传教，诺斯替主义就出现了，与基督教的完美理想相对立。基督警告世人，我们不是在与血肉之躯作战，而是在与黑暗势力和高处的属灵邪恶作战。这意味着，我们反对共产主义、马克思主义、社会主义、自由主义和一个世界政府的斗争的底线是精神斗争。给我看一个秘密社团，我就给你看一个憎恨基督的神秘神权。基督说："**认识真理，真理必叫你们自由**"。

请注意，基督用的是祈使句。基督说的是被秘密社团奴役的人--就像今天一样--
所以被神秘神权统治者鄙视的普通人，他们除了作为仆人和奴隶外没有任何用处。

这些领导人认为杀死数百万他们认为 "过剩
"的人是非常正常的。这种邪恶的 "杀戮
"哲学通过理查德-切尼、唐纳德-拉姆斯菲尔德、理查德-佩尔和保罗-

沃尔福威茨等人潜入美国军队。这是一个完全陌生的概念，在共和党的政府形式中没有地位。邪恶的秘密社团的领导人威胁着我们的整个文明。今天在我们的事务中非常活跃的一些秘密邪教是诺斯替主义、狄俄尼索斯邪教和本书的主题--
罗马俱乐部的邪教。但我必须回到这项工作的起点，即在现代史中以 "法国大革命 "为题。

现代历史书并没有告诉我们，所谓的法国大革命起源于英国，在那里，一个恶魔主义者威廉-
佩蒂（Shelburne伯爵）培养了英国东印度公司（BEIC
）的经济学家马尔萨斯和亚当-
斯密，以及大规模杀人犯丹东和马拉。丹东和马拉在英国与谢尔本相处了一段时间后，被带到了巴黎，在一场嗜血的狂欢中，向毫无防备、毫无戒心的法国人民和王室释放。几年后，阿尔弗雷德-
米尔纳勋爵在几乎是法国大革命的翻版中，将列宁释放到毫无戒心的基督教俄国。

法国大革命背后的推动力是一个名为　　　　　　 "光照会
"的秘密组织，由伦敦的Qator
Coronati共济会和巴黎的Nine　　　　　　Sisters
Freemason（东方）会精心策划。如果我们要了解罗马
俱乐部是如何形成的，那么简要介绍一下光照会的历史是必不可少的。关于光照会的起源并不一致，但人们普遍认为光照会起源于玫瑰十字会，玫瑰十字会声称从古代迦勒底人、玛吉人和埃及祭司那里得到了许多秘密的所谓大师，如哲学家之石等。

Rosicrucians声称他们可以通过使用某些麻醉剂来保护人类的生命，还声称能够恢复青春。他们也被称为

"不朽者"，并教导说所有的奥秘都已向他们揭示。起初他们被称为 "隐形弟兄"，后来被称为**"玫瑰十字会弟兄"**。**玫瑰十字会的一个分支自称**为"瑞典堡仪式 "或"斯德哥尔摩幻觉"。它于1881年由伊曼纽尔-瑞典堡创立，他是一名共济会大师，他的签名仍然出现在瑞典隆德市的会员名单上，瑞典堡就出生在那里。瑞典堡仪式只是对1783年成立的阿宾顿光照会的一**种修改。当**时和现在一样，是皇室、贵族和上流社会的精英成为这个秘密组织的领导人。但er光照会的主要组织是1776年5月1日在巴伐利亚成立的，创始人是英戈尔施塔特大学的教会法教授亚当-魏斯豪特。

韦索普特是耶稣会教育的产物，而光明会与金十字会非常相似。同样，光照主义显然与共济会、玫瑰十字会、**圣殿**骑士团--或法国共济会学位团有联系。所有这些命令的背后是摩西-门德尔松，他是卡巴拉的学生，他的既定目标是建立一个世界政府--新世界秩序。光明会的主要活动过去是，现在仍然是，对基督教发动战争，他们通过对基督的生活和教义进行可耻的指责来发动这场战争。从政治上讲，光照会致力于推翻所有政府的现有秩序，特别是那些信奉基督教的政府。其成员致力于盲目服从他们的上级和他们建立新世界秩序的秘密革命计划，该计划随着法国大革**命开始运作。**

光明会摧毁法国基督教君主制的计划被发现了，当时一位名叫雅各布-兰的光明会信使在骑马向巴伐利亚会所传递革命指示时被闪电击毙。随后，兰的文件落入了巴伐利亚当局的手中，后来，一个装满文件的铁盒子也被发现，里面有即将发生的针对法国的阴谋的细节。光明主义是由米拉波侯爵引入法国的，后来被法国大东方共济会的大总管奥尔良公爵采纳。会议还决定让当时最著名的人物之一塔列朗加入光照派。光明会信徒实施的腐烂行为之一是阉割。匈牙利前独裁者亚诺什-

卡达尔(Janos Kadar)公**开宣布**，**他确**实经历了这种仪式。

第二章

克劳利、派克和马志尼

共济会和光照主义都没有消亡。情报界的一些人认为，今天这两者都比法国大革命时要强。

光明党/共济会的世界领袖吉塞普-马志尼和阿尔伯特-派克的死亡，并没有预示着这两个组织的发展和方向有任何改变。

毫无疑问，有人会因为我提到共济会而感到不快。我无意冒犯共济会。我只是想对世界上某些事件的发生方式和原因进行准确的描述。

美国共济会员错误地声称他们的共济会与欧洲的共济会不同。请允许我纠正这个错误：玫瑰十字会的阴谋家莱昂-坦普勒和雅各布-莱昂共同设计了英国共济会大联盟，以及它的会徽。

盎格鲁-撒克逊共济会和欧洲大东方的神秘共济会之间有明显的联系。我说 "玄学"是因为伟大的德国将军鲁登道夫就是这么称呼它的。欧洲**玫瑰十字会共**济会和美国共济会之间的联系一直都很密切，今天仍然如此。

共济会的三个主要仪式是。

> 共济会的苏格兰礼节有33个等级。

> 米兹莱姆之礼，即埃及之礼，有96度。

> 东部仪式，基本上是欧洲共济会所遵循的仪式。

大神秘寺》的作者约翰-哈克说。

> 我们英国人就这样加入了苏格兰礼教，与米兹莱姆人结盟，现在又与孟菲斯人结盟。就前者而言，我们与各伟大的最高理事会建立了关系，并修订了1862年的章程，以取代1786年的假章程，在1884年，在米兹莱姆，与那不勒斯和巴黎的古老机**构建立了关系，在孟菲斯，与美国、埃及、罗马尼亚以及在这个仪式中工**作的各**种机构建立了关系。在**这三个仪式中，我们还接受了外国的宪章，以确认我们的原始权力。

这应该可以平息美国共济会员经常引用的错误观点，即**盎格鲁**-撒克逊共济会与欧洲共济会毫无关系。哈克应该知道这一点，毕竟他是大神秘主义者。

1912年11月11日，哈克当选为帝国大法师，比米兹拉伊姆之礼的96 度高一级。他在1913年去世后，由亨利-梅尔继任，然后是阿利斯泰尔-克劳利，爱国者大法师的33 ， 90 和96度。因此，很明显，美国共济会是欧洲共济会的一个组成部分，无论他们是否知道，而事实是，大多数人并不知道。克劳利是秘密社团历史上最禽兽的人物之一；这个人对罗马俱乐部（COR.）的政策有很大影**响**

。

克劳利喜欢引用马尔萨斯和亚当-
斯密的话，他们是英国东印度公司（BEIC）的仆人，
现在被称为300人委员会。在英王乔治三世通过
"自由贸易
"的单行道毁掉美国殖民者的一致行动中，这两个人都
扮演了领导角色。

马尔萨斯和斯密已经成为中华民国的
"最爱之子"。很容易看出BEIC的计划和中华民国的现
行政策之间的联系，特别是中华民国旨在结束美国工
业主导地位的   "后工业零增长
"政策。罗马俱乐部遵循的基本宗教是诺斯替主义和博
戈米尔和凯撒教的崇拜。英国君主制成员是这些 "宗教
"的坚定信仰者，总体而言，可以准确地说，王室成员
肯定不是基督徒。我们也很容易看到与 "300人委员会
"的联系。

据说克劳利参加了150多起谋杀仪式，这是神秘主义恶
魔学的一个重要部分。大多数受害者是儿童，是用银
刀杀死的。这些兽性的做法一直持续到今天，这可能
解释了为什么有大量的失踪儿童从未被找到。克劳利
仍然深受中华民国高层的钦佩，正如他在原子弹间谍
案中受到许多英国主要人物的钦佩。安东尼-
布朗特在被**揭露**为克格勃特工之前是女王的艺术保管

员[2] （一个非常高的头衔），他是克劳利的忠实信徒。

底线是，共济会，从**卡多什骑士**学位**开始，是**对现有事物秩序的永久反抗，致力于推翻基督教和美利坚合**众国共和国**--
中华民国也是如此。只要共济会继续在我们中间蓬勃发展，混乱和动荡就会继续下去，因为这就是所有革命的秘密组织的意图和目的。现代罗马俱乐部不过是一个连续不断的秘密社团，其目的是破坏自由，这在我们现在称为黑暗时代的时期已经发生。因此可以认为，ROC是一个新的世界秩序项目--
一个旨在促进更迅速地过渡到被称为新黑暗时代的普遍奴隶制的单一世界政府，由300人委员会控制。

---

[2]女王艺术的保管人，译者注.

第三章

什么是罗马俱乐部？

选择这个名字是为了欺骗不懂的人，因为罗马俱乐部与梵蒂冈或天主教会毫无关系。当恶人日以继夜地工作时，美国基督徒却在沉睡。当我在1970年写这本书的第一版时，特勤局中只有少数人知道300人委员会手中存在这个最强大的秘密组织。

罗马俱乐部由所谓的欧洲黑色贵族最古老的成员组成，他们是在12_00世纪拥有、控制和统治热那亚和威尼斯的古老家族的后裔。他们被称为
"黑色贵族"，因为他们使用肮脏的伎俩、谋杀、恐怖主义、不道德的行为和对撒旦的崇拜--"黑色
"行为。他们从来都是毫不犹豫地使用武力来对付任何敢于阻挠他们的人，这一点在今天也不亚于13　　到18世纪期间的情况。

威尼斯黑色贵族与　　　　　　　　　"德国马歇尔基金
"密切相关，这是一个被选来愚弄不明真相者的另一个名字--
像罗马俱乐部一样。威尼斯黑人贵族是由全欧洲最富有和最古老的家族组成的，他们的财富远远超过洛克菲勒家族等，他们是世界上最强大的控制机构--
300人委员会的一员。威尼斯黑人贵族中最古老的王朝

之一是圭尔夫王朝。例如，英国女王伊丽莎白二世是黑圭尔夫人--

她的曾祖母维多利亚是这个家族的后代。黑人贵族和欧洲皇室成员是中华民国的重要成员，其目标是解散作为工业和农业大国的美国。它的其他目标不那么明显，而且性质更复杂，所以我将从中华民国特别会议的细节开始，详细介绍说了什么和谁说了什么。

似乎是为了显示他们对罗纳德-里根在1980年11月大选中的胜利的完全蔑视，该集团选择在华盛顿特区举行会议。根据一名情报官员秘密记录的会议记录，议程是如何最好地肢解美国的工业中心区，并摆脱一名代表所谓的"剩余人口"。这符合伯特兰-罗素爵士的计划，他在《科学对社会的影响》一书中公开阐述了这一点。其他讨论的重点是控制美国内部事务的方法。由于许多代表来自老牌黑人豪门家族，或曾为他们工作多年，所讨论的煽动和恐怖手段代表了对美国政府和人民的直接挑战。

问题是，美国人民对这次危险的黑色贵族卫星会议一无所知，而媒体的豺狼们也不准备让他们了解这次会议的意图和目的。这是有史以来保存得最好的秘密之一。会议由德国马歇尔基金发起和资助，该基金由二战时期摩根索规划小组的核心成员组成，他们本身由可敬的耶路撒冷**圣**约翰会的三、四名成员控制。

这个组织是战后德国去工业化计划的幕后推手，它将德国分割**开来，把剩下的国家**变成农田。彻底消灭德意志民族的企图是摩根索的杰作，他是一个犹太复国主义者，也是一个对德国的暴力仇恨者。德国马歇尔基金从300人委员会的企业和华尔街及伦敦市的国际银行家那里获得了大量资源，这些人资助了布尔什维克革命，建立了世界上最大的奴隶制国家，导致了数百万基督徒的残暴死亡，著名作家亚历山大-索尔仁尼琴对此有详细记载。德国马歇尔基金的主席是大卫-洛克菲勒，自从他和他的家族变得富有和出名以来，他对资助各种颜色和条纹的革命团体并不陌生。

ROC会议的议程包括如何最好地扭转里根的总统任期，这对俱乐部成员来说是一个惊喜。重点是阻止当时的候选人里根所承诺的经济复苏。为了实现这一目标，代表们被告知，民主党必须进行激进化。不存在所谓的"民主党"。在邦联共和国或立宪共和国中不可能有民主党，美国就是这样。有人建议，使当选总统里根社会化的最好办法是赶走他的核心圈子里的保守派成员，按照1848年《共产党宣言》的思路，把民主党变成一个强大的反资本主义社会主义政党。（资本利得税于1989年通过，是中华民国规划的直接结果）。

事实上，自1980年以来，民主党已经承担了社会主义/共产主义政党的角色，应该被称为"美国社会主义/共产主义党"。出席1980年华盛顿会议的人中，有英国社会主义者的领袖和费边社会主义的主要战略家安东尼-韦奇伍德-本恩。本谈到了为此制定全面应急计划的任务，他还提出了里根和美国人民之间 "阶级斗争"的建议。第一次会议后一个月，罗马俱乐部的策划者们回到华盛顿召开了第二次会议。会议听取了一位代表所谓的保守派*传统基金会的发言，该基金会是由酿*

酒业巨头约瑟夫-库尔斯资助的一个设在华盛顿的
"智囊团"。

随后，Heritage成为里根总统任期内事实上的招聘机构
，提交了一份它认为适合里根政府关键职位的3000人
的名单。Heritage的大多数建议是职业自由主义者和社
会主义者，处于马克思的极左位置。

1980年，传统基金会由法比尤斯式的大社会主义者彼
得-维克斯-
霍尔爵士在幕后控制，他的背景是米尔纳集团（可以
回顾一下，米尔纳是残酷的种族灭绝战争--
英布战争的煽动者，发动战争是为了获得对南非黄金
和钻石的控制）。出席会议的其他知名社会主义者包
括：已故的威利-
勃兰特，克格勃在欧洲的主要联系人之一，以及已故
的奥拉夫-帕尔梅；弗朗索瓦-
密特朗，当时已经失业，但很快就会被300人委员会带
回法国执政；菲利普-
艾吉，一个叛变的前中央情报局官员；贝蒂诺-
克雷西，一个主要的意大利社会主义者；华盛顿民主
社会研究所的迈克尔-
哈灵顿。他在飞往华盛顿之前曾在哈瓦那停留，与卡
斯特罗协商。

NRC任命冈萨雷斯为其在尼加拉瓜和萨尔瓦多的代办
，了解冈萨雷斯在中美洲和拉丁美洲的战争中的参与
情况是很有意义的，而卡斯特罗在这些战争中发挥了
作用。超过2000名代表参加了这一令人惊叹的会议，
但它却被媒体完全掩盖了。这要归功于我的情报关系
，在1980年11月会议结束后的三天内，我就掌握了关

于这次社会主义领导人不洁会议的全部文件。中华民国的代表们参加了他们认为是美国的葬礼演说，出席的美国人中--除了艾吉和哈林顿--还有杰里-里夫金、政策研究所（IPS）的加-阿佩罗维奇、该国的主要社会主义者，）加利福尼亚的罗恩-德卢姆和格洛丽亚-斯坦赫姆，**她是**妇女解放组织/ERA反主流文化的组织者，源于科隆泰夫人的著作，这位共产主义领导人在20世纪20年代和30年代在美国巡回演出。代表们共同组成了一个尽可能具有破坏性的团队。参加会议的许多重要代表，除了**帕尔梅、勃兰特和本恩**之外，还有社会主义国际的成员，他们每天与国务院官员，包括赛勒斯-万斯和亨利-基辛格会面。

如果**你不知道**，**社会主义**国际是一个特别危险的颠覆性组织，它完全支持毒品和色情的合法化，作为"破坏稳定的工具"，用来对付美国。讨论的细节从未**公开**，**但根据提供**给我的文件，中华民国计划孤立美国，为国务院和克格勃的最坏分子留下一条通道。这**种情况有叛国和煽**动的味道，更不用说应该对参加两次中华民国会议的人提出阴谋罪指控了。

显然，一整天都在讨论如何最好地实施罗素勋爵的计**划，以扼**杀工业，使世界摆脱20多亿"无用的食客"。决定加倍努力，停止核电站的建设，并根据亚当-斯密和马尔萨斯的经济理论以及罗素的著作，促进零增长政策（见我即将出版的《核电》一书）。

社会主义国际（SI）长期以来一直主张拆除大城市，将人口**迁移到更小、更容易管理（即更容易控制）的**

城市和农村。

第一个这样的实验是由柬埔寨的波尔布特政权进行的，美国国务院的高级官员托马斯-恩德斯知道。

第四章

与全球**种族**灭绝的联系

罗马俱乐部和SI一样，强烈反对国家，赞成压制美国、英国和欧洲的科学发展，最近在日本也是如此。据信，COR与红色旅等恐怖组织有一些联系。

这项措施是通过大社会主义者贝蒂诺-克拉克西实施的，他是中华民国的前领导人，法国和德国情报部门知道他与巴德尔-迈因霍夫团伙有联系，这是一个臭名昭著的暴徒团伙，他们抢劫银行并绑架公众人物索取赎金。

正是克拉克西多次试图打破意大利政府不与红色旅谈判以释放被绑架的美国将军多兹尔的决心。

克拉克西与300人委员会的执行官理查德-加德纳和亨利-基辛格**关系非常密切**。**加德**纳嫁到了卢卡蒂家族，这是威尼斯黑人贵族中最有权势的家族之一，几个世纪以来一直以其在肮脏手段和恐怖主义方面的技能而闻名。

克拉克西和法国前总统弗朗索瓦-密特朗在1980年都没有担任官方职务，但正如我在197

1年的几期《*世界回顾*》（WIR）中所报道的那样，克拉克西注定要在意大利政治中发挥领导作用，而密特朗则要在法国重新掌权--这都要感谢罗马俱乐部。

事实证明，这些和冈萨雷斯的预测都是100%**准确的**。1980年12月5日，在华盛顿特区举行的CoR首次会议的后续会议批准并接受了CoR的*全球2000年报告--全球**种族**灭绝的蓝图*。这份报告呼吁到2010年有20亿人死亡（因此有这个标题）。有很多证据表明这一计**划与世界各地的一些灾**难性事件有关，例如最近在中国发生的灾难性地震。

第二次会议还通过了安乐死政策，以摆脱日益增长的老年人口，代表们热情地采用了罗素的术语"无用的吃货"，作为描述数百万人的代号，这些人在中华民国眼中是"多余的"。

有些人可能认为 **"减少"**"黑人、亚洲人和其他有色人种的人口是一个好主意。"已经有太多的（亚洲）印度人、中国人和黑人了，"一个人给我写道，"所以**你**为什么要反对呢？".

事实是，注定要被屠杀的不仅是这些品种，美国的"剩余"产业工人也是《全球2000》报告的目标。在两次联席会议上，一个又一个代表表示对他们成功推广其计划的能力充满信心。

1993年12月在德国举行的二十五周年庆祝活动，旨在纪念迄今取得的成就。

这对我来说也是一种个人的平反，因为当我在1969年第一次透露中华民国的存在时，我被嘲笑和讥讽。"这整个想法是**你疯狂想象的产物**，"一位男士写道。**另一个人说。**"你关于罗马俱乐部的报告的文件在哪里？"1980年12月的会议非常重要，人们会认为媒体会尽其所能获得独家报道。但它没有。媒体对这一事件保持沉默，主流媒体、广播和电视都没有提及此事。这就是所谓的
"新闻自由"，美国式的。美国人民是世界上最爱撒谎、最爱合谋、最爱受骗的人。我们也是受审查最多的人--在这种情况下，审查的方式是不作为。

代表们想要什么？迈克尔-哈林顿解释说："威利-勃兰特想要欧洲的社会动荡"，我们应该记住，德国目前的社会动荡是该计划的一部分。这不是一个意外。我们不应该认为社会动荡不会降临到美国。

中华民国得到了美国有史以来最社会主义的政府的合作，即**卡特政府**，该政府致力于实施1848年的《共产党宣言》，正如我们在卡特的外交政策中看到的那样，他在南非、菲律宾、伊朗、中美洲和南朝鲜的革命之火上坐以待毙。克林顿总统和布什总统接过火炬，正如我们在南斯拉夫看到的那样。

格雷克总统被弹劾后，波兰的稳定遭到破坏，这次弹劾是由美国前驻罗马大使理查德-加德纳组织的。

中华民国会议的主要成果之一是对里根总统施加压力，要求他保留国际清算银行驻美国代表保罗-沃尔克的服务，作为非法联邦储备银行的主管。美联储不是美国政府的一个机构，路易斯-T-

麦克法登对此有很好的描述，他称其为
"历史上最大的骗局"。

是英国著名的工党领袖安东尼-韦奇伍德-
本，坚持保留沃尔克，尽管里根在竞选时承诺要让美
国摆脱沃尔克的祸害。本认为，沃尔克是在美国带来
"阶级斗争
"的最佳人选。本任命里夫金帮助沃尔克进行这项工作
，他说这将
"分化美国人"。中华民国采取了一项计划，通过提高
和不断波动的利率来破坏货币稳定。

他们想摆脱时任德国总理的赫尔穆特-
施密特，因为他曾帮助稳定国际利率。彼得-维克斯-
霍尔爵士呼吁将美国的利率提高到20%，作为阻止资
本投资工业的最佳方式。沃尔克小心翼翼地没有出现
在ROC会议上，但据说传统基金会的霍尔向他介绍了
情况。担任Heritage公司总经理的Stuart
Butler对COR的代表们这样说。

> *有了里根政府，我们就有了一个右翼政府，会把激进
> 的左翼思想强加于人。共产主义者、无政府主义者、
> 自由主义者或宗教派别*（他说的是撒旦教、伏都教、
> 黑魔法、巫术等）*没有理由不提出他们的理念。*

巴特勒建议将   "自由企业区
"这一古老的社会主义学说强加给里根政府。自由企业
区在马尼拉和香港等地都有，更不用说中国大陆了。
它们简直就是 "奴隶商店"。

巴特勒呼吁在工业被连根拔起和破坏的地区建立自由

企业区。巴特勒设想钢铁厂关闭，机床厂关闭，造船厂关闭。

根据后工业零增长计划，在香港非常普遍的自营"产业"，将成为从人口减少的城市流离失所的人们的合适的就业手段。

第五章

人如蝼蚁

我知道很少有读者会注意这个警告，它写于1981年，是里根政府时期的一个繁荣的承诺。但请记住，没有人相信在兰格身上发现的文件，他是光明会的信使。欧洲的王室首脑们没有心情听从巴伐利亚政府发布的**关于光照派**计划在法国进行血腥动乱的"危言耸听的报告"!人们不喜欢他们的宁静受到干扰。如上所述，ROC代表了幻影派和美国13个主要幻影派家族的指挥结构。请记住，雅各宾派的法国大革命计**划包括**谋杀数百万 "多余的"法国国民，特别是首当其冲的布列塔尼的凯尔特基督徒。考虑到这一点，密特朗在1980年12月的ROC会议上的发言不应该被轻视。

资本主义工业发展是自由的敌人和反面。

密特朗的意思是，工业发展通过合作，即工业发展给人们带来了更好的生活，当人们有了更好的生活，他们就会倾向于拥有更大的家庭。因此，资本主义工业发展是"自由的敌人"，只是因为大面积的合作（工业发展）倾向于消耗更多的自然资源（由300人委员会控制）。这就是罗马俱乐部政策背后扭曲的逻辑。

1982年3月，在巴黎举行的NRC后续会议上，俱乐部创始人奥雷利奥-佩切伊发表了以下声明

> 人就像昆虫。他们增殖得太多了……现在是审判民族国家概念的时候了，它阻碍了世界文化的发展。基督教使人自豪；重商主义社会，只创造了死的文化和古典音乐，是纸上的压迫性标志。

无论你相信与否，我的文章旨在警告美国公民，相当于雅各宾派的恐怖主义暴徒将在适当的时候释放到我们毫无戒心的国家。雅各宾派类型的暴民将被用来对我们在美国的生活方式进行彻底的改变，这种改变可能会持续一千年之久。

中华民国的政策是*通过各种手段让人越来越少，消费越来越少，要求的服务越来越少。*这是对我们社会的彻底颠覆，越来越多的人要求更好的商品、服务和生活方式，而这正是共和制政府形式下生产性社会的本质。重要的是，Peccei没有说神秘的神权主义，它伪装成宗教，但不是，它是一个政治和经济体系，旨在控制人类生活，直到最后的细节，正如我们在布尔什维克革命中看到的那样。佩奇和罗马俱乐部是法国和布尔什维克革命、社会主义者、光照派和无数秘密社团的继承者，他们试图将美国变成一个奴隶制国家，他们委婉地称之为民主。美国是一个邦联共和国或立宪共和国。它永远不可能是一个民主国家，是一个由长期破坏自由社会的神秘精英强加给人民的政权。

正如我们的开国元勋所说，*历史上每一个纯粹的民主国家都是彻底失败的，*他们并不打算让美国最终成为一个失败的民主国家。

罗马俱乐部的代表们承诺防止美国在欧洲部署核导弹，我们看到这一点在1981年12月5日得到了兑现。数百名中华民国煽动的   "雅各宾派"走上了巴黎和汉堡的街头：发生了持续几天几夜的骚乱和内乱。

注：1989年，暴徒行动获得成功。由于法国人吉斯卡尔-

德斯坦赞成为欧洲建立核保护伞，中华民国把他赶走，用社会主义者密特朗取代他。密特朗的主要顾问之一是神秘主义者雅克-

阿塔利，他相信自杀：*在一个民主社会，自杀的权利是最基本的人权。*这与Peccei的信念是一致的，即人是造物中的**一种意外，世界上大多数的人口群体不需要**，也不应该考虑他们的意见。这就是在埃及、犹太和叙利亚以及古代世界许多其他地方盛行的那种神秘的神权政治，狄俄尼索斯的崇拜在其中发挥了如此重要的作用。在罗马俱乐部的会议上，人们非常清楚，其主要目的和宗旨是：。

> ➤ 推迟工业发展。
> ➤ 放慢科学研究的速度。
> ➤ 使城市人口**减少，特**别是北美的前工业化城市。
> ➤ 将人口转移到农村地区。
> ➤ 将世界人口至少**减少20亿人**。
> ➤ 阻止反对中华民国计划的政治力量的重组。
> ➤ 通过大规模裁员和失业，以及阶级和种族战争，破坏美国的稳定。
> ➤ 通过高利率和对资本收益的高税收来摧毁个人创业精神。

现在，对于那些认为我的报告 **"离奇** "和 "牵强
"的怀疑论者，正如这项工作被称为 **"离奇** "和
"牵强"，看看自从这个小组在1980年11月和12月**开会**
以及1981年12月5日再次**开会以来，众**议院和参议院通
过的立法吧。媒体使美国人受到强烈的审查--
无论是不作为还是故意为之--
这一事实并没有使这份报告变得不准确和胡思乱想。
值得记住的是，当杰基尔岛的策划者聚集在一起，对
我们美国的货币体系发动政变，他们后来称之为《联
邦储备法》时，没有人知道这件事--
新闻界掩盖了银行家的踪迹，无辜的美国国民继续前
进，好像没有什么不正常的事情发生。这套条件也适
用于中华民国的规划。

弗洛伦斯-
凯利的立法工作的最终目标是使美国社会化，在富兰
克林-**D**-罗斯福和詹姆斯-厄尔-
卡特执政期间，它开始以令人恐惧的速度形成。弗洛
伦斯-
凯利是一位著名的费边社会主义者，罗斯福从她那里
寻求并得到了许多政策决定的建议。回顾过去，我们
看到，我们的工业中心区的大片地区已经荒废，4000
万产业工人被永久解雇，种族冲突每天都在发生。还
有许多直接影响到这个伟大国家的未来的社会主义法
案，旨在从美国农民手中夺走土地的农业法案，"犯罪
"法案和 "教育 "法案，都是100%违宪的。

不要以为我们的政府会对在美国开展社会主义企业犹
豫不决，他们也不需要外国军队来执行这些计划。欧
洲和美国正在被毒品、性、摇滚乐和享乐主义所毁灭
。我们正在失去我们的文化遗产，被奥雷利奥-

佩切伊如此鄙视。美国的等级制度一直是世界上最大的麻烦制造者。自二战结束以来，我们一直对破坏国家稳定和摧毁其民族特征和身份负责。看看南非、津巴布韦（前罗得西亚）、南朝鲜、菲律宾、尼加拉瓜、巴拿马、南斯拉夫和伊拉克，这只是被美国背叛的几个国家。

第六章

外交政策决定

我们人民被排除在政府之外；我们被忽视，我们的命**运掌握在武器**抢夺者和那些不尊重宪法的人手中--堕胎者、杀婴者、社会主义夺权者和各种现代暴发户。在所有古今中外的神秘神权政体中，很容易发现一个共同点，那就是嗜血。

纵观历史，我们看到，历史书的书页上沾满了基督教殉道者的鲜血，沾满了体面的共和代议制政府的鲜血。这些实际的大屠杀几乎没有人记得，更不用说纪念了。罗马俱乐部有一个美国分会，它每年都在不断壮大。以下是其成员名单。

- ➤ **威廉-惠普辛格。**国际机械师协会
- ➤ **彼得-维克斯堂爵士。**传统基金会的后台监控
- ➤ **斯图尔特-巴特勒。**遗产基金会[3]
- ➤ **史蒂芬-海斯勒。**遗产基金会
- ➤ **莱恩-柯克兰**_美国劳工联合会CIO总干事_
- ➤ **Irwin** Suall.M16和ADL制剂
- ➤ **罗伊-马拉斯-科恩**已故参议员乔-

---

[3]传统基金会，无损检测。

麦卡锡的前顾问。

> **亨利-基辛格**。没有必要进行介绍
> **理查德-
> 法尔克**普林斯顿大学（被NRC选中，向南非、
> 伊朗和韩国开战）
> **道格拉斯-弗雷泽**。汽车工人联合工会
> **马克斯-费舍尔**。联合品牌水果公司
> **阿维尔-哈里曼（Averell
> Harriman）**。民主党老人，洛克菲勒家族的社
> 会主义知己。
> **让-柯克帕特里克**前美国驻联合国大使。
> **埃尔莫-祖姆沃特**。美国海军上将
> **迈克尔-诺瓦克**美国企业研究所
> **赛勒斯-万斯**前国务卿
> **四月格拉斯皮**前驻伊拉克大使
> **米尔顿-弗里德曼**。经济学家
> **保罗-沃尔克**。联邦储备银行
> **杰拉尔德-福特**。前总统
> **查尔斯-珀西**前美国参议员
> **雷蒙德-马修斯**。前美国参议员
> **迈克尔-哈灵顿**。费边社成员
> **塞缪尔-
> 亨廷顿**。摧毁中华民国目标国家的总策划人
> **克莱伯恩-佩尔**美国参议员
> **帕特里克-莱希**。美国参议员

这绝不是美国分部ROC成员的完整名单。很少有人拥
有完整的名单。罗马俱乐部是300人委员会的一个重要
国际外交政策机构。

它是委员会外交政策决定的执行者和监督者。NRC得

到了德国马歇尔基金的财政支持，该基金与德国毫无**关系，**是为了制造假象而选择的一个名字。德国马歇尔基金的成员包括如下。

- ➢ **米尔顿-卡茨**福特基金会
- ➢ **大卫-洛克菲勒。**大通曼哈顿银行
- ➢ **罗素列车。**世界野生动物基金会主席，阿斯彭研究所
- ➢ **James A.珀金斯。卡内基公司，是英国卡内基信托基**金和公谊会（贵格会）的一个分支机构。
- ➢ **Paul**   **G. Hoffman.**纽约人寿保险公司Morgenthau计划设计师
- ➢ **欧文-蓝石。**汽车工人联合会执行委员会
- ➢ **伊丽莎白-米奇利。**CBS制片人
- ➢ **B.R. Gifford。**罗素-塞奇基金会
- ➢ **维利-勃兰特。**社会主义国际前主席
- ➢ **道格拉斯-狄龙**前美国财政部长。
- ➢ **John**   **J. McCloy.**哈佛大学，摩根索计划的监督者
- ➢ **Derek C.博克。**哈佛大学
- ➢ **约翰-B-坎农**哈佛大学

以下是对德国马歇尔基金目标的简要概述，该基金赞助了在华盛顿特区举行的中华民国会议，它是在全世界建立社会主义的坚定支持者。其主要领导人来自前黑人贵族和欧洲贵族。他们的政治目标是在政府中引入专制、神权和神秘神权的所有最坏特征。

破坏国家认同和国家主权是他们的主要目标之一。在

美国的地方、州和联邦各级政府中，简直有数百名他们的代理人。

你只需看看几十位众议院议员的记录，就能知道德国马歇尔基金在多大程度上推动了美国社会化的总体计**划。**人们问我："为什么社会主义会困扰你？"

答案是：因为社会主义是西方文明面临的　　　"主义"中最危险的一种。这实际上是匍匐前进的共产主义。

第七章

什么是社会主义？

正如费边社会主义的一位领导人曾经说过。

> *"社会主义不过是通往共产主义的道路，共产主义不过是匆匆忙忙的社会主义。"*

美国人民不会接受彻头彻尾的共产主义，所以有必要用社会主义的剂量来喂养不知情的群众，直到共产化进程完成。

在NRC的案例中，他们使用了已故的德国社会主义总统威利-勃兰特（Willy Brandt）和约翰-麦克罗伊（John J. McCloy）这样的铁杆社会主义者，他们是摩根索集团的避难所成员。

二战结束后，麦克罗伊是战败的德国的"高级专员"，并努力游说使其成为一个非工业化的牧业国家。

在这方面，他得到了莱斯利-盖尔布和吉米-**卡特的国**务卿赛勒斯-万斯的大力协助，他们都是坚定的社会主义者。在漫长的SALT谈判中，Gelb和Vance孜孜不倦地使美国处于不利地位。

作为德国元帅基金的成员，摩根索计划委员会的内部主导小组由以下人员组成

➢ **Averell Harriman, Brown Bros, Harriman, 华尔街银行家。**

哈里曼是负责努力将苏联纳入一个世界政府的主要美国官员，但斯大林对美国领导的新世界秩序的反对和不信任依然强烈，他拒绝了。

➢ **Thomas L. Hughes**

布朗兄弟哈里曼公司的合**伙人**。**摩根索**计划的设计者。

➢ **Robert Abercrombie Lovett**

布朗兄弟哈里曼公司的合**伙人**，**也是摩根索**计划的设计者。

➢ **荷兰的伯恩哈德王子**

荷兰皇家壳牌公司（300人委员会的主要公司之一，也是比尔德伯格集团的创始人）的一名高管。

➢ **凯瑟琳-迈耶-格雷厄姆（现已去世）。**

他是既定媒体的院长，是梅耶家族的成员，也是伯纳德-

巴鲁克和威尔逊总统的朋友。据称，他的父亲复制了第一次世界大战的债券，并保留了这些假债券所产生的数百万美元。他从未被起诉。

格雷厄姆的丈夫死于非常可疑的情况。情报部门认为他是被谋杀的，他的妻子在其中起到了作用，但没有任何证据。梅耶家族控制着巨大的投资银行Lazard Frères。

➢ **John J. McCloy**

隶属于欧洲皇室的300人委员会的多家公司的控制人，他担任该委员会的财务顾问。

➢ **塞缪尔-亨廷顿教授**

一个热心的犹太复国主义社会主义者，参与了战后300人委员会所针对的大多数右翼政府的倒台。

➢ **约瑟夫-雷廷格**

负责招募比尔特伯格成员并将他们介绍给哈里曼集团的耶稣会社会主义者，曾经为温斯顿-丘吉尔工作。雷廷格被认为是招募克林顿作为未来社会主义领导人的人，然后把他交给帕梅拉-哈里曼，培**养他担任高官。雷廷格的**计划是在波兰、匈牙利和奥地利建立一个中欧耶稣会国家，但这个战后计划没有得到300人委员会的批准。

大多数黑人贵族和欧洲皇室都与英国的寡头家族有姻亲关系，可以追溯到罗伯特-

布鲁斯，他创立了共济会的苏格兰礼节。以洛维特为例。他是与麦克罗伊紧密结盟的欧盟成员。

这两个人都是奥金克罗斯和阿斯特家族的密友，他们与英国、荷兰、丹麦和西班牙的 "贵族"**关系密切。拉**齐维尔夫妇和卡特的国家安全顾问兹比涅夫-
布热津斯基也与这个团体合作。在荷兰皇家壳牌集团中，有巴兹尔-
扎哈罗夫爵士，他是维克斯武器公司的前主席，这家英国武器制造公司为布尔什维克革命、第一次世界大战和第二次世界大战提供军火，赚了数十亿美元。彼得-维克斯-
霍尔爵士（华盛顿特区传统基金会的幕后控制人）的家族是这笔巨大财富的继承人。控制NRC美国分部的人物如下。

- ➤ 让-柯克**帕特里克**
- ➤ 尤金-罗斯托。
- ➤ Irwin Suall,
- ➤ 迈克尔-诺瓦克
- ➤ 莱恩-柯克兰
- ➤ 阿尔伯特-柴特金。
- ➤ 杰里米-里夫金。
- ➤ 道格拉斯-弗雷泽。
- ➤ 马库斯-拉斯金。
- ➤ 威廉-昆斯勒

这些有价值的代表不需要介绍。他们是在美国社会化战争中具有重要意义的社会主义领导人。在推翻美国所享有的共和制政府形式的斗争中，合作者有以下几位。

- ➢ 加-阿佩尔罗维奇。
- ➢ 本-沃滕伯格。
- ➢ 欧文-蓝石。
- ➢ 纳特-温伯格。
- ➢ 索尔-柴可。
- ➢ 杰伊-洛夫斯通
- ➢ 玛丽-费恩。
- ➢ 雅各布-尚克曼。
- ➢ 罗恩-德鲁姆斯。
- ➢ 乔治-麦戈文。
- ➢ 理查德-博内特。
- ➢ 巴里-康伯尔。
- ➢ 诺姆-乔姆斯基。
- ➢ 罗伯特-莫斯
- ➢ 大卫-麦克雷诺兹。
- ➢ 弗雷德里克-冯-哈耶克。
- ➢ 西德尼-胡克。
- ➢ 西摩-马丁-利普斯特。
- ➢ 拉尔夫-维德纳

上述人员隶属于各种社会主义组织，如美国劳工总会国际事务部、剑桥当代研究所、政治研究所、汽车工人工会和国际女装工会，这些组织与费边社会主义有密切联系。

冯-
哈耶克被保守派高度评价为他们首选的经济学家。参议员乔治-麦戈文和罗恩-
德鲁姆斯都曾在美国国会任职。

上述人士出版的一些社会主义出版物有：。

- *新共和国》*--理查德-斯图尔特和莫顿-康德拉克

- *国家》*--Nat Hentoff, Marcus Raskin, Norman Benorn, Richard Faulk, Andrew Kopkind

- *异议*--欧文-霍尔、迈克尔-哈**灵**顿 *评论*--**卡**尔-吉什曼

- *新社会的工作报告》*--马库斯-拉斯金。Noam Chomsky, Gar Apelrovich, Andrew Kopkind, James Ridgway.

- *查询*--纳特-亨托夫

- *WIN* - Noam Chomsky

由于其严密的队伍中有如此多的级别，把罗马俱乐部看作一个巨大的社会主义智囊团可能是有益的。创建COR的方式非常有趣。

当罗马俱乐部需要协调其新世界秩序计划的某些方面时，它将奥雷利奥-佩切伊送到英国的塔维斯托克人类关系研究所接受培训，[4]，这是世界上所有洗脑机构之母。

当时，佩切伊是菲亚特汽车公司的最高主管，该公司

---

[4] 见*塔维斯托克人类关系研究所*，Omnia Veritas有限公司，www.omnia-veritas.com。

是300人委员会通过其黑人贵族成员--贵族阿涅利家族--组成的一个巨大的多国集团，正是这个家族拒绝了帕梅拉-哈里曼作为阿涅利一个儿子的妻子。

帕梅拉后来嫁给了阿维尔-哈里曼（Averell Harriman），一位有300年历史的政治家和美国外交政策专家，一个真正的 "内部人士"。

第八章

北约和罗马俱乐部

塔维斯托克在约翰-罗林斯-
里斯少将的指导和控制下，由伯特兰-
罗素勋爵、赫胥黎兄弟、库尔特-卢因和埃里克-
特里斯特作为新科学专家协助。

经常订阅《世界评论》的读者会知道，随着塔维斯托
克传教士的到来，各种形式的邪恶：黑暗、混乱和迷
惑侵入了美国。奥尔德斯-赫胥黎和伯特兰-
罗素，他们是伊希斯-奥西里斯邪教的著名成员。

在被剥夺了他最初拥有的为数不多的人性品质之后，
塔维斯托克将佩奇认证为
"合格"，并将他送往北大西洋公约组织（NATO）总部
。

这个300人委员会的组织结构主要是一个政治机构，其
次是作为一个欧洲的军事防御条约集团，以应对苏联
带来的危险。在北约，佩奇招募了高级成员，跟随他
组建了罗马俱乐部。其他北约领导人和各种左翼政党
加入了国家委员会，组成了300人委员会的社会主义招
募和培训部门--比尔德伯格集团。

中华民国的目的和目标是什么？
他们基本上遵循1848年的《共产党宣言》，在性质和
起源上都是社会主义的，并受到诺斯替主义、迦勒底
黑魔法、**玫瑰十字会、伊希斯-**
奥西里斯和狄俄尼索斯的崇拜、恶魔主义、神秘神权
、路西法尼亚主义、共济会等黑暗精神力量的激励。
推翻西方基督教文明是中华民国活动的重中之重。

摧毁国家主权和所有国家的民族主义，以及随之而来
的对数十亿   "剩余
"人口的毁灭，也在中华民国的议程中占据了重要位置
。Peccei认为，民族国家、个人自由、宗教和言论自由
将在新世界秩序--一个世界政府--
的靴子下化为尘土，通过为尽快实现这一目标而建立
的中华民国。中华民国智囊团的任务是将许多已经在
努力结束西方基督教文明的社会主义组织集中在一个
组织之下。

日本不能被排除在300人委员会（COR）的计划之外。
日本也是一个工业国家，是一个高度民族主义的同质
民族，是新世界秩序的潜在领导人所讨厌的社会类型
。因此，日本虽然不是西方国家，也不是基督教国家
，但对中华民国的规划者来说是一个问题。

利用日本协会和大卫-
洛克菲勒的三得利基金会，计划利用间接手段破坏日
本对美国经济体系最成功的利用--道格拉斯-
麦克阿瑟将军留下的遗产。"间接手段
"是指向日本灌输社会主义理想，按照计划进行
"文化变革"，"水瓶座时代-
新时代"。日本的机**构**和传统将以针对美国的方式和方

法被缓慢但肯定地破坏。

对美国发动战争以 "改变其公众形象
"的中华民国狂热分子，对日本大肆宣扬。塔维斯托克
的丹尼尔-贝尔和丹尼尔-扬科洛维奇，美国头号
"形象制造者"，已经被召来劫持，至少是暂时劫持，
并对日本的工业基地发动战争。那些从1970年**开始关**
注我的工作的人都会知道，英国军情六处和美国无线
电公司（RCA）的大卫-
萨诺夫之间的联系导致英国特工被安排在中央情报局
和联邦调查局第五部门--
其反情报部门的关键位置。扬克洛维奇、斯凯利和怀
特公司的扬克洛维奇被军情六处选中，对美国人民发
动了一场无情的战争。

扬科维奇是一个反基督教的社会主义者，二十年来一
直站在攻击毫无戒心的美国人民的最前沿，现在被中
华民国命令集中资源攻击日本的重工业，他们称之为
"冒烟的烟囱"。轻工业是值得赞扬和祝贺的。

希望美国的后工业化、零增长的崩溃和沃尔克的信贷
紧缩策略能在日本重演。根据ROC，在一个后工业社
会中，近5000万美国人将失去工作和永久失业，还有
数百万人将就业不足。根据中华民国的说法，这将导
致社会和道德滑坡，使国家很容易成为新世界秩序--
世界政府--
接管的受害者。美国中产阶级的崩溃将对日本对美国
的出口产生深远影响。

就像美国人民从未被告知自1946年以来对他们发动的
战争一样，中华民国的策划者希望让日本国民猝不及

防。臭名昭著的对外关系委员会（CFR）--
300人委员会主持下的美国高级别平行政府--的彼得-
伯杰，以及所谓的人类学家赫伯特-**帕森**--
取代已故玛格丽特-
米德的人，已经愉快地接受了他们的新挑战。因此，
大量的   "新时代
"文学作品涌入日本市场，声称要展示日本工业在多大
程度上疏远了普通日本人的民族和传统价值观。

关于   "摇滚
"青年**帮派的**电视片被拍得很受欢迎，但却没有透露这
种反常现象来自于给我们带来披头士、米克-
贾格尔、基思-
理查德和各种颓废、堕落和无道德的罪犯的同一来源
，是塔维斯托克研究所在中华民国主持下的创造。贾
格尔和理查兹经常受到欧洲皇室的嘉奖。所营造的形
象是，这种堕落是美国工业化的后果。

除非作出协调一致的努力来防止这种情况，否则日本
注定要遭受同样的道德滑坡，或者至少与美国在
"披头士-贾格尔-滚石
"时代（大约从1960年代到1980年代）所经历的严重程
度相当。顺便说一下，贾格尔和理查兹属于由路西法
尔-克劳利（Alestair
Crowley）创建的神秘俱乐部：金色黎明的伊希斯-
奥西里斯（Isis-Osiris）会。伊希斯-
奥西里斯的主要目标是通过无限制的药物滥用、"自由
性行为"、同性恋和女同性恋对西方青年进行道德毁灭
。

像贾格尔和其他摇滚乐队领袖这样的堕落者在后来的

生活中提供的
"音乐"，为降低禁忌定下了基调，使国家的年轻人更
容易被诱导到这些邪恶的做法中。中华民国现在面临
的问题是，当日本的失业率达到美国的水平时，如何
处理必然会出现的反弹。日本人不太可能像他们的美
国同行已经做的那样，温顺地服从和接受失业。

日本是一个难以破解的国家，但通过缓慢地、有分寸
地**喂食其毒**药，中华民国希望在日本实现一场不会唤
醒民**众的革命**--
换句话说，在即将到来的对日攻击中要遵循美国模式
。在美国，罗马俱乐部的 "水瓶座**阴**谋
"取得了巨大的成功。ROC的Willis
Harmon**关于**这个问题的文章的摘要版本就是我们需要
了解的情况。

形象以及对人性和潜力的基本概念可以有巨大的力量
来塑造一个社会的价值观和行动。他们（即哈蒙和RO
C）曾试图通过以下方式来研究。

> 光明会的方法。

> 针对当代社会的问题，探讨当前人类形象的不
  足之处，并确定未来形象的必要特征。

> **确定可以促**进出现*新形象*（强调）和解决社会
  关键问题的新政策方法的高级别活动。

  我们用人的形象或人在宇宙中的形象指的是对人类的
  起源、性质、能力和特点、他们与他人的关系以及他
  们在宇宙中的地位所持有的一系列假设。一个连贯的
  形象可能由一个人、一个团体、一个政治体系、一个

*教会或一个文明持有。大多数社会都有一个人的形象，它定义了人的社会性质。例如，人的形象因此是对人类的格式塔感知，包括个人和集体，与自己、社会和宇宙的**关系**。*

这完全是一派胡言，是旨在欺骗不明真相的人的神秘诡计。在大多数情况下，对人的性质的假设是无意识地持有的。但为了继续哈蒙试图给我们洗脑。

*只有当这些隐藏的假设被认识到并让大家知道时，才**能构建一个人的形象**，这个形象可以通过保持视角并拒绝或修改它来仔细检查（强调）。一个形象可能适合于一个社会发展的某个阶段，但一旦这个阶段结束，把这个形象作为行动的持续指导，可能会造成更多的问题，而不是解决。科学、技术和经济在实现人类基本目标方面确实取得了重大进展，如人身安全、物质舒适和更好的健康。*

*但是这些成功中有许多导致了过度成功的问题。在导致这些问题出现的一系列社会价值前提下，这些问题本身似乎是难以解决的。我们高度发达的技术系统已经导致了脆弱性和崩溃。已经出现的社会问题的相互**关联**的影响，现在对我们的文明是一个严重的威胁。*

换句话说，我们的西方理想、对家庭的信仰、婚姻的神**圣性**、对国家的信仰、民族自豪感、国家主权、对宗教信仰的自豪感、对种族的自豪感、对无所不能的上帝的信任，以及我们的基督教信仰，都已经过时了--根据中华民国的哈蒙所说

对于中华民国的光照派和大祭司来说，"太成功"来自于作为一个工业化国家的太成功，有充分的就业

，人民享有体面的生活水平。

第九章

回归黑暗时代

哈蒙的意思是，美国人由于建立在工业基础上的社会，享受了太多的自由，这导致了一种情况，就是人太多了，因此必须把他们围起来屠杀，这样中华民国才能遏制工业增长，从而遏制人口增长。事实是，西方基督教文明是一**种威**胁--不是对文明的威胁--而是对300人委员会为世界计划的神秘神权的未来的威胁。

哈蒙所主张的是回到黑暗时代，一个新的黑暗时代，在一个世界政府的独裁统治下。

哈蒙是中华民国的大祭司，他提出的方案直接违背了上帝的律法，即我们要多产、繁殖和征服地球，这不是为了中华民国和三百人委员会的利益，而是为了我们在美国的人民和其他选择尊重其民族特性的人的自由。

哈蒙所服务的路西法尼亚人，即狄俄尼索斯崇拜的成员，"奥林匹亚人"说："不，我们被放在这里是为了统治地球，只有我们才能享受它的好处。"大祭司哈蒙的结论如下。

我们需要迅速改变人类的工业技术形象。我们对当代社会问题的性质的分析使我们得出结论，在过去两个世纪中占主导地位的许多人的形象将不足以应付后工业时代。必须寻求适合这个新世界的人的形象（这不是新的--
这个概念，一个撒旦的概念，已经有四千年的历史），将其综合起来，然后硬塞进人类的大脑。

意大利文艺复兴时期的经济人形象，个人主义、物质主义、寻求客观知识，是不合适的，必须抛弃。工业国家，在这个阶段，有巨大的势头，但没有方向，有美妙的能力，但不知道它要去哪里。在某些方面，旧形象的崩溃被认为更多的是导致绝望，而不是寻找新形象。尽管滞后的主导形象隐含着悲观主义，但有许多迹象表明，一种新的、具有预见性的人类形象可能正在出现。

这种胡言乱语的真正含义--
哈蒙真正说的是，工业化社会，如美国和日本，必须被摧毁，因为工业化社会已经变得无法管理。根据哈蒙的说法，工业的毁灭将导致我们所有的基本道德价值观、我们对上帝和国家的基本信仰、我们的基督教文化的毁灭，这将很快导致一个**神秘的神权**统治的世界回到一个新的黑暗时代，大祭司哈蒙说。

......十九个人的形象主宰着各个时代，他从每一个形象中提取出他认为有用的特征，以取代工业技术形象，即中华民国和委员会希望效仿的方案，这些方案将使世界人民--
那些在全球2000年的屠杀后仍作为无意识的奴隶，进入一个新的黑暗时代--所谓新世界秩序。

根据哈蒙计划，人类必须被确定为动物王国的一部分。哈蒙认为,统治精英在后工业时代的形象是有序的,旧约中人主宰一切自然的形象必须被抛弃,因为它是危险的。

琐罗亚斯德教的形象是相当可取的。印度和亚洲的瑜伽系统优于基督教--哈蒙认为,因为它将带来必要的"自我实现"。这种委婉的说法只是哈蒙用来表明基督教将被神秘信仰所取代,如伊希斯-奥西里斯和狄俄尼索斯崇拜成员所奉行的信仰。大祭司哈蒙说,基督教的人的形象必须被取代。人必须停止认为他需要上帝。现在是时候让人相信他是自己命**运的主人,他可以照**顾自己。

今天我们的基督教会所缺乏的是对无处不在的神秘主义和秘密社团的认识和理解。我们的基督徒教师和读者需要熟悉宗教神权政体的领域,以及它们正将基督的教会引向何处。

我们不是要抛弃文艺复兴的美丽和纯洁,而是要更加坚持,保护其无价的遗产。以下是哈蒙为使中华民国的新世界秩序计划发挥作用而倡导的一些措施的概述。

> ➢ 青年参与政治进程。
> ➢ 妇女解放运动。
> ➢ 黑人意识。
> ➢ 年轻人对社会 "邪恶 "的反叛。
> ➢ 对企业社会责任的兴趣增加。
> ➢ 代**沟**。
> ➢ 在年轻人中诱发对工业和技术的偏见。
> ➢ 实验新的家庭结构(即单亲家庭、同性 "夫妇

"和女同性恋 "家庭"）。
- ➢ 必须组建保守的环保团体。
- ➢ 对东方宗教的兴趣必须在学校和大学里勤奋地应用。

哈蒙宣言》中的这些观点几乎可以叠加到《1848年共产党宣言》上。这两份文件在风格而非内容上有细微差别，但世界必须成为一个社会主义国家并将发展为共产主义的基本原则是贯穿两份文件的共同主线。其基本和隐藏的主题与共产党-

布尔什维克所教导的相同："挡住我们的路，就要承担风险。恐怖战术是我们的战术，我们将毫无顾忌地使用它们。如果你反对我们，我们会消灭你。正如我之前所说，哈蒙提出的新时代理想已有数千年历史。德鲁伊人把人放在柳条筐里烧掉，作为对他们的神的祭品，他们的女祭司把受害者的血滴到桶里。

法国大革命使数十万无辜受害者丧生，布尔什维克革命也是如此。共产党人对他们折磨和谋杀数百万基督徒的方式感到自豪。我们凭什么认为中华民国这个神秘的神权国家在有机会时不会做同样的事情？这些是我们正在处理的凶残的、精神上死亡的人，那些被基督描述为黑暗的统治者、高位的恶人的人，现在是我们每个人，无论是日本人还是美国人，对威胁文明的危险有所觉醒的时候。

当哈蒙在1974年记录下这一对上帝和人类的攻击时，哈蒙背后的十四个原则很小心，没有透露他们打算用来制造、建立和推广的各**种机构的直接参与**，作为反文化的敲门砖。哈蒙醉心于权力，并预料到顺从的美**国公众不会有任何反**应，他决定利用玛丽莲-

弗格森作为幌子，让猫从袋子里出来。

哈蒙让玛丽莲-弗格森（Marilyn Ferguson）出演，**她是一个完全不知名的无才女**，因据称是《水瓶座的**阴谋**》的作者而成名，这是一本虚**构的**书的译本，但哈蒙没有告诉观众，弗格森和所有参与者只是中华民国维持的雇佣兵，是中华民国让*水瓶座的**阴谋***活了过来。[5]

这个古老阴谋的新版本始于1960年，并在整个1968年像政治体上的癌症一样继续增长，传播了基于神秘的秘密社团的反文化的后工业信息，其名字不胜枚举。

创始人已经被提名。它的官方机构是塔维斯托克研究所（Tavistock Institute）、社会**关系研究所**（Institute of Social Relations）和斯坦福研究中心（Stanford Research Centre），应用社会精神病学在塑造和指导北约采用中华民国的长期战略方面发挥了核心作用，该机构将其称为水瓶座-新时代运动。

在我的职业生涯中，许多人写信给我，问我为什么不写**关于** "新世界秩序"的文章。好**吧**，**自**1969年以来，我一直在写**关于**这些和其他主题的文章。问题是，人们不听像我当年那样不知名的人的话。但是，当像玛丽莲-弗格森这样的疯子，在洛克菲勒基金会的力量支持下

---

[5] "水瓶座的**阴谋**"，Ndt.

，拿出与我警告过的一模一样的东西时，他们问："你去哪里了；为什么不告诉我们这些？"

事实是，我把我的工作、水瓶座新时代、罗马俱乐部和300人委员会带到了订户的注意中，比这些名字引起其他人的注意要早得多--准确地说，是15年前。

现在回想起来，我的报告比他们的时代早了很多年，早在这些事情被美国其他右翼作家知道之前。

对美国最早的攻击之一始于古巴导弹危机，当时约翰-肯尼迪拒绝了塔维斯托克研究所、CFR、兰德研究所和斯坦福大学的建议。这使肯尼迪成为被消灭的目标。他被暗杀，仍然被众多相互矛盾的报告所掩盖，是对美国人民的重大侮辱。我在《300人委员会》一书中叙述了我所知道的关于这一最令人发指的罪行的肇事者的情况，[6] 修订、更新并于2007年1月出版。

肯尼迪采取了一种 "软回应"的防御战略，这种战略不是基于北约的政治部门通过民防规划人员进行的心理战。但肯尼迪选择了削减民防，而是为美国工业的技术升级建立了一个大规模的新空间计划。这样做，肯尼迪签署了他的死亡证。看看新世界秩序神权势力的力量。他们毫不犹豫地在1963年11月暗杀了美国总统。

1963年初，某个暗杀机构（我不允许透露其名称）与

---

[6] *The Hierarchy of Conspirators, A History of Committee of 300*, Omnia Veritas Ltd. www.omnia-veritas.com。

塔维斯托克人际关系研究所签订了一份合同。请注意
"人际关系
"一词的误用。该合同被授予塔维斯托克的几个美国附
属机构，包括斯坦福研究、社会关系研究所和兰德公
司。

塔维斯托克随后公开了这些智囊团的　　　"科学研究
"结果，并将这些信息传递给北约的政治部门。

那些把希望寄托在北约身上的人最好意识到正在发生
什么。北约是罗马俱乐部的产物，它服从于那个被称
为300人委员会的有组织的仆人机构。

第十章

秘密社团的幕后统治

在这一发展之后，1966年，塔维斯托克《人类关系杂志》的编辑Anatol
Rappaport博士指出，美国国家航空航天局的太空计划是多余的，美国忙于太空计划，而它应该把钱花在
"人类素质 "研究上。

人类关系杂志》的报告预计将使美国公众舆论转向反对太空计划。肯尼迪遇刺后，有一段时间看起来好像我们的太空计划会被放弃，然后是罗纳德-
里根在11月的压倒性选举胜利，这导致中华民国高层于1980年11月在华盛顿举行了前所未有的会议。

正如我在1969年以来的讲座和著作中经常说的那样，世界是由与我们从正面看到的那些人非常不同的人管理的，这一观察首先由贝肯斯菲尔德勋爵（迪斯雷利）提出，非常著名。我们不时地被充分警告这一观察的真实性，但却是以一种隐蔽的方式。看来，所谓的一个世界政府的领导人在赢得一场伟大的胜利时，有时无法控制自己。

威尔逊总统和罗斯福总统的控制人曼德尔-
豪斯上校提供了一个说明我的意思的例子。豪斯写了

一本名为《*菲利普-德鲁：管理员*》的书，这本书应该是虚构的，但实际上详细描述了美国的秘密政府是如何在一个世界政府-新世界秩序中被卖为奴隶的。

迪斯雷利，这位传奇的英国首相和罗斯柴尔德家族的伟大议会门徒，对英国秘密政府的工作进行了描述，名为*科宁斯比*，这表明控制英国和美国政府的秘密团体打算统治世界。秘密组织一直是而且仍然是自由世界的大敌。只要这种不同的、数量众多的秘密社团在我们中间兴起，我们就不是自由人。在国庆节挥舞国旗和敲打爱国主义的鼓声，不会改变这一铁的事实。

秘密社团的领导人从幕后指挥世界。如果我们想了解政治和经济领域的当前事件，我们需要对秘密社团有充分的了解。

罗马俱乐部（COR）只是一个延伸，是欧洲古老的黑人贵族家族的永久联盟，由可追溯到数千年前的神秘信仰和做法所主导。埃及（在诺亚之子到来之前）、叙利亚、巴比伦和波斯的古代米兹拉伊姆仪式被威尼斯和英国的寡头们运到了欧洲。

Bogomils、Cathars--这些都是"宗教信仰"，它们的出现带来了对基督教观点和西方原则的攻击。东方对阴谋的热爱被移植到了西方，其结果是如此深远，往往超出我们的想象。

这些秘密社团造成的破坏令人印象深刻。例如，我们知道克里米亚战争是因共济会的心血来潮而发动的，第一次和第二次世界大战也遵循同样的路径。我们永远无法知道我们中间的秘密社团的黑暗和秘密力量对当前事件的影**响有多大。**

布尔战争，可能是20世纪最重要的战争，因为它使秘密社团及其神秘宗教与一个自由和爱国主义的基督教国家对立起来，侵略者的目的是抢夺布尔人新发现的黄金。在英国历史上这个不体面的时期，英国政界最有权势的人之一是帕麦斯顿勋爵，他属于许多秘密社团，他对议会的领导受到了共济会的影响。帕麦斯顿本人承认这是事实。

因此，我们这些人有责任清醒地认识到，我们正与高高在上的属**灵**恶人发生冲突。我们并不反对单纯的物理实体。无形的力量比有形的力量更强大。这些势力控制着美国，我们从众议院和参议院中超过75%的民主党成员是铁杆社会主义者这一事实中可以看出。

Harlan Cleveland

也许USACOR最有名的成员是哈兰-克利夫兰，他是20世纪60年代美国驻北约的前大使，也是北约在美国的主要机构--大西洋理事会的前副主席。

克利夫兰是塔维斯托克人际关系研究所的美国分部--阿斯彭人文研究所在新泽西州普林斯顿的办事处负责人。阿斯本应该是一个致力于环境问题的"智**囊**团"，但这只是一个无花果叶，一个烟幕，以掩盖其真正的活动--向美国工业和农业发动战争。

William Watts

他是大西洋理事会的成员，也是Tomack
Associates的董事，Tomack
Associates是传播COR《*增长的极限*》的阵地，这是一
份1972-73年的研究报告，旨在说明工业和
"过度农业发展
"是如何破坏生态的。瓦特被指控传播阿斯本的托马斯
-
马尔萨斯古老的零增长理论的变相版本，该理论实际
上起源于古代的狄俄尼索斯崇拜。

乔治-麦基

麦基先生是大西洋理事会的成员，是北约负责政治事
务的前副国务卿和美国驻土耳其的前大使。他后来担
任了美国驻德国波恩大使。

克莱伯恩-K。佩尔

佩尔是美国罗德岛州的参议员，曾是美国驻大西洋理
事会的议会代表。佩尔是NRC政策的坚定支持者，即
北约部队应监督世界各地环境标准的实施。佩尔强烈
支持所有国家的去工业化，包括美国。他经常对罗素
关于屠杀"剩余人口"的理论表示同情。佩尔与赛勒斯-
万斯一起参与了《全球2000》报告条款的起草。佩尔
与赛勒斯-万斯和北约秘书长约瑟夫-
伦茨合作，并经常参加比尔德伯格会议。

唐纳德-莱什

Lesh曾是Tomack
Associates的雇员，现在是USACOR的执行董事。他还

曾一度为国家安全局（NSA）工作，并**帮助基辛格建**立了国家安全局的欧洲机**构。在**这种情况下，他与赫尔穆特-索南费尔特（Helmut Sonenfelt）合作，自从班贝克档案被发现后，他就像连体婴一样与基辛格有了联系。被介绍为苏联问题专家的威廉-海兰也曾在国家安全局的欧洲办事处工作。

Sol Linowitz

以起草欺诈性和违宪的巴拿马运河条约而闻名，利诺维茨成为卡特的知己，在300人委员会、兰克施乐公司中很有名气，是300人委员会的成员。

J. Walter Lew (Levy)

利维是纽约对外关系委员会（CFR）的常驻石油分析师，是大西洋理事会的主任和比尔德伯格集团的成员。莱维制定了国际社会主义政治家的勃兰特委员会的方案。虽然勃兰特几乎总是醉醺醺的，但他仍然是当代舞台上最危险的社会主义者之一。

约瑟夫-斯莱特

斯莱特先生是美国300人委员会的社会主义总部--阿斯彭研究所的主任。他以前是美国驻北约大使。这些都是美国煽动者窝里的一些关键人物。它们的主要功能是加速中华民国制定的后工业零增长计划，并在"企业区"的名义下将东北地区的前工业城市变成奴工实体。一个目标是里根总统的SDI计划，它将彻底结束基辛格和罗伯特-

麦克纳马拉的疯狂战略。北约的部署是为了将反美议程的所有方面集中起来。

第十一章

美国国家航空航天局和罗马俱乐部

这方面的一个例子是美国参与了福克兰群岛战争，当时美国提供了支持设施，使英国军队打败了阿根廷，而阿根廷不得不被镇压，因为它有出色的核电站出口计划。

迄今为止，美国罗马俱乐部的主要成就之一是将太空计划从军方手中夺走，并将其交给美国国家航空航天局这一民用机构。前总统艾森豪威尔非常乐意遵守他从伦敦收到的指示，实施这一变革。

但此举可能适得其反。1967年5月，由塔维斯托克人际**关系研究所**进行的NASA概况研究显示，NASA已经成为工业和科学人员的主要雇主，与COR的非工业化计**划完全相反**。**塔**维斯托克报告在从科罗拉多到华盛顿到纽约的煽动者和叛徒的办公室里敲响了警钟。

他们的反应是在美国驻北约大使罗伯特-施特劳斯-哈普夫兹的领导下成立一个"特别委员会"。该委员会的任务是立即采取损害控制措施，希望这些措施能够削弱美国航空航天局。召开了一次会议，讨论所谓的"跨大西洋技术不平衡和协作"。会议在法国多维尔举

行，奥雷利奥-佩切伊和兹比涅夫-
布热津斯基出席了会议。

这次煽动者和美国人民的敌人的聚会被媒体方便地忽略了，正是这些媒体后来努力--并成功--将尼克松总统赶出白宫。

正是在这次会议上，布热津斯基从他的《*两个时代之间：技术电子时代*》一书中获得了灵感，我在《*300人委员会*》一书中详细地引用了这本书。

在这本书中，布热津斯基概述了基于奥威尔概念的社会主义世界新秩序的理想；一个由知识精英和基于电子通信网络的超级文化统治的世界，在一个具有象征性国家主权的区域主义概念中。

多维尔会议的结论是，美国和苏联之间的理想必须趋于一致（这个想法被斯大林完全拒绝，他是300人委员会的一个真正的刺头）。

这种   "趋同"将产生一个单一的世界政府，在真正的危机管理和全球规划的基础上管理世界事务。人们会记得，洛克菲勒的这一建议遭到了斯大林的蔑视，正是他拒绝加入新世界秩序，导致了朝鲜战争的发生。

即使是由洛克菲勒资助的作家撰写的扭曲、审查和不准**确的二**战历史，也表明美国从未与共产主义作战。威尔逊时代的精英和华尔街银行家正是与阿尔弗雷德-米尔纳勋爵和伦敦金融城银行家勾结，把列宁和托洛茨基推上台面的人，**怎么可能呢？**

第二次世界大战是一个人为的情况。希特勒是由华尔街和伦敦金融城的银行家设立的，目的显然是在斯大

林**开始拒**绝建立   "世界共同统治
"的姿态后，对他进行包围并使其屈服。

斯大林不相信他所说的
"华盛顿的世界主义者"。希特勒之所以被摧毁，是因
为他反对他的控制者，而控制者则以他们自己的辩证
方式，在他们认为是两种危险中较小的一种，全力支
持斯大林。由于无法控制希特勒，国际银行家们不得
不摧毁他。

第二次世界大战的净结果是出现了一个更强大、更可
怕的共产主义体系，能够将其触角伸向全球。苏联从
一个地区性大国转变为一个全球性大国。

第二次世界大战耗费了数百万人的生命和数十亿美元
，而这一切都是因为那些有着统治世界的宏伟计划的
人对资源的惊人滥用，我说的不是希特勒和斯大林。
我说的是CFR、RIIA、罗马俱乐部和300人委员会。
如果有人能给我一份所谓二战好处的清单，或解释它
给美国或欧洲人民带来的 "自由"，我很想听听。

在我看来，今天的世界比1939年的世界要糟**糕一千倍**
。由于第二次世界大战的影响，社会主义已经占领了
美国。我们的工业被摧毁；数百万工人失去了工作。
我们不能把这种人为的状态归咎于希特勒（或斯大林
）。Peccei说，他把这个问题看得很清楚。

> ...由于基督教的千年期已经临近，大量的人对即将发
> 生的可能完全改变他们集体命运的未知事件充满了悬
> 念。人不知道如何成为一个真正的现代人。

Peccei告诉我们的是，神秘主义者、神秘主义者、新时代者--

他们知道什么对我们有好处，我们最好遵从新世界秩序的指令，否则会被摧毁。

我们必须学会在中华民国的*增长限制*模式下生活和行为，这包括对我们可以追随的宗教的限制。我们必须学会在中华民国对我们的经济所施加的限制中生活，而不是反抗新的货币秩序。

我们也必须接受我们是可以被替代的想法。Peccei说，"人类发明了恶龙的故事，但如果地球上有恶龙，那就是人类自己。

Peccei随后给出了整个游戏计划。

> *自从人类打开了新技术的潘多拉盒子，就遭受了无法控制的人类扩散、增长的狂热、能源危机、潜在的真实短缺、环境恶化、核疯狂和无数的其他痛苦。*

第十二章

货币体系的混乱

在这几个字中，我们发现中华民国为300人委员会列出的一整套人类计划。

这概括地回答了最常问的问题：*"他们为什么要做这些事情？"*在这里，我们有一个最糟糕的神秘主义者告诉人民，中华民国为其300人委员会的主人说话，知道什么对整个世界是最好的。

就在他的演讲之后不久，佩奇采用了杰伊-福雷斯特和丹尼斯-梅多斯为300人委员会构建的"世界动力学"模型，这是一个全球规划的模型，应该证明复杂系统的不可持续性，以表明较小规模的结构应该在全球经济中占据主导地位。当然，为此，Meadows-Forrester报告完全以马尔萨斯和制定英国　"自由贸易"政策的英国东印度经济学家亚当-斯密的负面和限制性经济研究为基础。

福雷斯特-梅多斯的神话经济学忽略了人类的聪明才智，他们会发现取之不尽的新矿物或我们尚未意识到的资源。事实上，正在耗尽我们资源的是纸币，如果我们可以把任何东西称为纸币的话。

由于寡头阶层成员的干预，美国的货币体系是一个巨大的混乱，他们的意图是让我们所有人成为奴隶。

只有无担保的纸币才会伤害地球上的自然资源，我所说的无担保是指美元没有按照《美利坚合众国宪法》的要求，由白银和黄金支持。事实上，美国现在没有法定货币，自从《联邦储备法》出现以来，从来没有过。

当一个私人财团（联邦储备银行）被允许接管我们的钱，并按其认为合适的方式使用，而拥有这些钱的人却没有任何控制权，难怪我们会陷入这样的金融混乱。

以黄金和白银为基础的经济将更新和回收自然资源。一个基于核裂变的社会将打开新的机会之窗。然而，Meadows和Forrester却忽略了聚变耀斑的魔力。很容易解释为什么中华民国会忽视新技术。只是因为它不想要他们。

新技术意味着新的就业机会和更繁荣的人民。更加繁**荣的人口意味着北美人口的增加**，COR的发言人说这是不可取的，是对地球上生命的一种威胁！"。

事实是，我们甚至还没有开始开发地球的自然资源。新黑暗时代和新世界秩序的整个概念，从罗素到佩奇到梅多斯到福雷斯特，都有致命的缺陷，旨在延缓工业增长、就业和最终消除世界人口。

(注：1994年8月在**开**罗举行的联合国人口控制会议，是全球2000年计划的延伸，即到2010年杀死25亿人)。

关于核能，Peccei先生说。

> 在对核解决方案的判断上，我比我的朋友们更加悲观和激进。我不能像许多科学家和几乎所有的政治家和工业界所宣称的那样，判断甚至猜测是否能使它对人类社会变得清洁、安全和可靠。

> 但我准备辩称，不够可靠、安全和清洁的是人类社会本身。我已经花了很多篇幅描述它的混乱状态，它没有能力治理自己，没有能力采取理性和人性化的行动，没有能力缓解撕裂它的紧张局势，因此我不相信在目前的状态下它能摆脱核电。

这几乎是环保组织关于核电是世界上最廉价、最清洁和最安全的能源的说法的翻版。

它也是创造数以百万计的新的、稳定的、长期的就业机会的工具。

> 我无法想象，在几十年内，这个社会将能够容纳并安全保护几千个巨大的核电站，并在地球上运输和处理**哪怕是四分之一的致命**钚239，比今天杀死所有人所需的数量多一万倍。

> 人类在没有为其鲁莽和不负责任的行为在整个人类系统中做好准备的情况下就开始使用核电，这是一个问题；真正的问题不是技术或经济问题，而是政治、社会和文化问题。

> 那些今天**沉醉于我所**说的小剂量的核硬药物，并且正

在推动在整个社会中传播这种药物的计划的人，实际上是在谴责他们的继任者明天完全靠这种药物生活。

为什么不呢!核能是世界上有史以来最伟大的发现。它将使我们自由。这就是为什么人类的敌人，即罗马俱乐部，在各条战线上争相贬低核能，使其看起来对我们有可怕的危险。核能是安全的。到目前为止，还没有人在这样的工厂工作时被核发电能杀死。

它将给我们带来巨大的自由，它将振兴我们的工业能力--它将为它们注入新的活力--
它将给我们个人带来更大的自由，因为我们数百万人将有长期的、高薪的工作。更大的自由是罗马俱乐部的大忌。罗马俱乐部想要更少的个人自由，而不是更多。这就是核能问题的实质。

Peccei接着用一句话拒绝了核裂变，并说。

它的可行性还有待证明，但目前没有任何未来计划可以可靠地基于它。能源不可能变得丰富、廉价，而且没有环境和社会方面的缺点。

如果有丰富的、廉价的和清洁的能源，那么技术增强的食品和材料解决方案的前景将是非常好的。

它到此为止，但问题是：罗马俱乐部并不希望我们提高技术能力，生产更多的食物和提高我们的生活水平。

它设计了一个名为   "全球2000年"的计划，要求在2010年之前杀死20亿人，尽管我在报告中看到的最后数字表明，如果在2010年之前将4亿人从地球上抹去，罗马俱乐部就会感到满意。

Peccei明**确表示**，**作**为增加物质进步的手段，新的科学发现和新技术并不是罗马俱乐部所希望的，该俱乐部声称是北约内部全球规划的唯一仲裁者。

当然，这是在他们占领并制服了叛乱的俄罗斯之后。我再说一遍，我们今天在世界看到的是美国和俄罗斯之间的裂痕。Peccei用1973年阿以战争中人为制造的石油禁**运作**为警告。他说，这导致
"许多人向罗马俱乐部的思想看齐"。

这的确是许多人的起点，他们打破了旧的思维方式，更认真地对待罗马俱乐部的建议。我已经说过，这些人有时无法管住自己的嘴。这里有一个人公开承认1973年的阿以战争是世界上虚假的石油短缺的人为情况，并以此让更多的人相信小的更好、更美，工业进步应该受到遏制。

当然，罗马俱乐部存在的理由是，福雷斯特-米道斯报告中提出的这些主张的证据，在1973年的石油禁**运中**让许多人了解到。在1973-74年期间，罗马俱乐部对许多政府的政策的影响急剧增加。

荷兰女王朱莉安娜下令在鹿特丹市中心举办罗马俱乐部的思想展览。此后不久，该俱乐部与法国财政部长举行了会议，并成立了所谓的
"*无责国际*"，以讨论罗马俱乐部报告的影响。

第十三章

可怕的预测

1972年，Peccei应欧洲委员会的邀请，向欧洲议员的特别会议提交了一篇题为 "透视增长的极限 "的论文。

1974年初，由于佩切伊和奥地利总理布鲁诺-克莱斯基--维利-
勃兰特的社会民主党朋友的工作，罗马俱乐部的10名成员与几个国家元首举行了一次私人会议，包括加拿大前总理皮埃尔-特鲁多、荷兰前首相约普-登乌尔、瑞士前总统内洛-
铁洛、阿尔及利亚和巴基斯坦的代表等。用Peccei的话说，怀疑的种子已经播下了。

Forrester-
Meadows报告也引起了工业家和其他人士的强烈反对，他们意识到零增长政策对美国永远不会奏效。由于认识到这一点，俱乐部试图建立一个由米萨罗维克和爱德华-
佩斯特尔领导的反击运动，他们说罗马俱乐部的目标是规划有机增长。

"Pestell先生说："**世界上有一个癌症，这个癌症就是人。**

第二，中华民国要求制定一个总计划，导致创造一个新的人类，换句话说，由这些人领导的新世界秩序。

罗马俱乐部将在几个第三世界国家建立，包括伊朗、埃及和委内瑞拉、墨西哥和阿尔及利亚，之后这些国家被邀请加入，但拒绝了。

由罗马俱乐部成员欧文-拉兹洛（Irvin Lazlow）撰写的联合国训练研究所的一项题为 *"未来项目"* 的计划，对工业增长和城市文明进行了严厉的谴责。它谴责了美国目前的工业化政策。他谴责中产阶级，并要求像列**宁在他之前所做的那**样，彻底摧毁美国的中产阶级，这个独特的机构，这个有机体，它阻止美国走希**腊**和罗马帝国的道路。

在这一点上，拉兹洛得到了中华民国的受薪仆人赛勒斯-万斯和亨利-基辛格的有力协助。本专著中引用的许多社会主义者经常与万斯和基辛格会面。

正如我在前一本书中提到的，罗马俱乐部赞助了一个重写《创世纪》的项目，以取代《圣经》中关于人类应该主宰自然的禁令。

罗马俱乐部的其他支持者包括赛勒斯-万斯和吉米-**卡特本人，以及索**尔-利诺维茨、菲利普-克鲁兹尼克、威廉-瑞安--多伦多耶稣会的成员，还有解放神学专家彼得-亨瑞特。

这些人都在罗马俱乐部的主持下走到一起，推动一场全球宗教原教旨主义运动，可以在适当的时候用来推翻现有的世界秩序和政府，这个计划正在实施。它已部分到位，但尚未完全开发。

我想回到核能的问题上。反对核电的压力很大--我们已经看到了在所有战线上的行动：司法、经济、社会和政治。但根据西德阿肯大学对核武器影响的研究，如果超级大国的核武器只有10%被引爆，其副产品将包括非常大量的铯同位素，据预测，这些铯将被同化为生命过程中的碘途径。这些放射性铯的产生足以杀死全世界所有受影响的高等生物。

但当然，这只是罗马俱乐部散布的另一个恐怖故事，就像对热核战争的恐惧是大西洋两岸洗脑者操纵的恐怖故事。

这背后的想法是让   "放射性"这个名字在世界大多数人心中成为一个恐怖的词。因此，针对和平利用核能所产生的恐惧非常非常强烈，并成功地破坏了一些主要的建设计划，搁置了未来十年在美国建造的几十座核电站。

唯一让一些正直的人做噩梦的危险是担心核电站会被强大的核爆炸击中，或者担心训练有素的反核狂热者进入核电站并将其炸毁，这当然会引起二次爆炸。

然而，正如三里岛的确凿证据所显示的那样，破坏核电站的企图不可能像引爆核武器那样造成巨大损失。

目前，生命受到几十**种人造病毒的威胁**，如艾滋病毒和埃博拉病毒，而核电在其中没有发挥任何作用。

该研究使用标准技术，发现即使按照最保守的估计，到2008年中期，已经在建和已经运行的核电设施的处置也会损失超过一百万个工作岗位。然而，在美国，没有一个人因为商业裂变发电而丧生！在美国，没有一个人因为商业裂变发电而丧生。这是正确的；在三里岛核电站的所谓 "核灾难"中没有一个人死亡，这不是一个事故，而是一个蓄意策划的破坏行为。

在同一时期，数百万人死于艾滋病，而且由于全球2000年的种族灭绝计划，还有数百万人将会死去。在美国的道路上，每年有超过5万人死于车祸，但到目前为止，在40多年的时间里，美国的核电站还没有死过一个人！"。

但是，罗马俱乐部和北约的亲核势力将1亿多人的生命置于危险之中，他们不断地用大量的反核宣传对这个国家进行洗脑。

这方面的有趣之处在于此。人体本身就会产生放射性，以至于知名物理学家几年前提出，在同一房间内不允许有超过两个人同时出现。另一方面，在山上滑雪或乘坐客机时，人接触到的放射性远比靠在核电站墙壁上一年的时间多。

另一个有趣的观点是，燃煤电厂每千瓦向大气排放的放射性物质比裂变电厂多。通过开采铀以获取裂变燃料，我们实际上通过自然后果减少了我们所接触的放射性总量。

目前，现有的后处理和部分废物处理方案绝对可以保护人类免受任何风险，当然，前提是这些材料仍处于燃烧的后处理循环中。而这是可能的。

这就是为什么那些破坏国家核计划的反核狂热分子一直忠于他们对放射性燃料废料堆积的谴责。随着快中子反应堆的上线，未处理废物的部分数量（不到5%）可以进一步减少。利用爱德华-
泰勒博士的天才所发明和实施的粒子束方案，加速中子束可以应用于不需要的废物，并且可以通过受控中子轰击的方式将其完全中和。这已经做了，也可以做，而且相当可行，当然也不贵。

自20世纪70年代以来，我们看到罗马俱乐部对我国的核电计划发起了一场无情的战争，要么因为环境恐惧而直接取消，要么撤销对它们的资助，或者两者结合。所有这些的净效果是增加了建造核电站的成本，当然还有从核电站生产能源的成本，增加了数十亿美元。

一座核电站通常很容易在四年内建成，但当然，如果建设时间增加一倍--
就像在美国由于环保主义者、地方当局和各州的反对而发生的那样--
建设和融资成本会使核电站的最终价格爆炸。

这些昂贵的拖延战术加上罗马俱乐部银行家的高利率，相当于赤裸裸的高利贷，导致美国的核电站建设几乎停顿。2008年，随着原油价格的飙升，建造核电站就更加关键了。

反核电站必须是罗马俱乐部的伟大成功故事之一。如果不是这样,美国的工业化就已经有了飞跃性的进展,我很高兴地说,失业将成为过去的事情。

现在,在2008年中期,约有1500万美国人没有工作,政府是这么说的。在核电站全面生产的情况下,情况就不会如此。核燃料是世界上现有的任何燃料中每千瓦最便宜的,无论是现在还是任何时候。

第十四章

限制核能

如果美国要继续拥有健康的经济和不断增长的工业基础，为其大量的技术工人提供充分的就业机会，聚变技术是唯一环境上可接受的新能源来源，而这是一个很大的假设。没有健康的经济和不断增长的工业基础，美国就无法保持世界大国的地位，甚至无法维持其目前在世界军事力量结构中的不稳定地位。如果我们能够挫败罗马俱乐部的计划，整个国家将在三个方面立即受益。

> ➤ 我们的经济基础设施会有一个巨大的扩张，导致美国有史以来最大的经济繁荣。
> ➤ 它将提供就业机会，消除，我敢说，整个美国的失业基础。
> ➤ 这将增加投资者的利润。它还将使美国的能源生产更便宜、更省钱，而不会使经济多花一分钱。想象一下不必进口沙特石油的好处吧。我们的国际收支状况将得到飞跃性的改善。6个月后，我们的经济和劳动力市场将经历一个惊人的转型。

所有这些都将在不增加税收的情况下完成。技术在那里，意愿也在那里--

阻碍国家发展的是罗马俱乐部及其精心策划的反对核电的政策。

因此，我们有责任传达这样的信息：核电不是坏事，而是好事。如果我们在国会中有代表将美国放在第一位，而不是他们自己的利益，那么就可以启动一个核电计划，导致新的高科技投资热潮，投资数百万美元，创造数十万个新的就业机会。

我们将看到新的工业出现；我们将看到失业消失，这个国家的生活水平将不可估量地提高，我们的工业和经济基础将鼓励我们成为世界上最大的军事强国。

我们再也不用担心外国势力的攻击，我们也不会再经历联邦储备银行强加给美国的繁荣和萧条周期。

当然，这与罗马俱乐部的政策是截然相反的。因此，我们正在为我们的未来，为我们的生命，为我们的孩子，为这个伟大的国家，世界上最后的自由堡垒的安全而战。是什么导致了我们目前的经济衰退状态？不要被政府的统计数据所迷惑，我们正处于深度衰退的阵痛中。

是什么把我们带到了这个令人遗憾的境地？这个国家的自然资源已经崩溃了吗？当然，今天的大多数人必须意识到，事件不是简单地发生，而是通过精心策划创造的。困扰美国的疾病的根本原因是，在罗斯福总统之后的历届政府未能坚持要求英国将美国作为一个独立的主权国家对待，而不是通过罗马俱乐部和国际货币基金组织将300人委员会的意愿强加给它，就像他们自1938年温斯顿-

丘吉尔和F.D.罗斯福达成特别协议以来所做的那样。

当然，"特别协议
"早在这之前就开始了。有些人写信给我说，"**你一定
是搞**错了，因为丘吉尔在1938年甚至不是英国的首相"
。

当然，但这些人什么时候开始关心起头衔来了？当臭
名昭著的《贝尔福条约》达成时，这些人有没有去找
表面上控制英国的英国首相？不，他们反而向罗斯柴
尔德勋爵提交了一份长长的备忘录，正是罗斯柴尔德
勋爵起草了条约的最终版本，将巴勒斯坦交给了犹太
复国主义者，英国无权授予巴勒斯坦，因为它不属于
他们。

我们看到罗斯福和丘吉尔身上也发生了同样的事情。
丘吉尔在1938年不是首相，但这并不妨碍他代表那些
拥有他身体和灵魂的人进行谈判：300人委员会。
丘吉尔在南非的布尔战争期间接受了训练，他一生都
是这个精英团体的成员和信使。

富兰克林-罗斯福的儿子和战时助手埃利奥特-
罗斯福在第二次世界大战结束时出版的《*我所看到的
*》一书中，对英国采取的战略类型作了说明。

艾略特-罗斯福记录了富兰克林-
罗斯福向丘吉尔概述战后美国政策的主要特点。当然
，丘吉尔无意跟随他；他清楚地知道，推翻罗斯福建
议的权力，无论它们是什么，都在管理美国的300人委
员会手中。

英国的社会主义变革代理人渗透到了美国，包括沃尔特-

李普曼，他是塔维斯托克的首席宣传员。正是李普曼把约翰-梅纳德-凯恩斯勋爵这位 "了不起的 "经济学家介绍给毫无戒心的美国，而正是凯恩斯主义经济学毁了美国经济。

正是凯恩斯引入了特别提款权、"乘数 "理论等制度，以及其他由管理世界的少数人强加给几乎整个人类的怪诞不道德、邪恶和卑鄙的不公正行为。我们必须认识到，这不是一句空话。这些人确实在管理世界，说"......这是美国，我们有宪法，这里不可能发生 "是没有意义的。

美国宪法已被践踏，完全彻底地被颠覆，所以今天它几乎没有任何效力或作用。

洛克菲勒创造了对外援助的骗局。这是世界上有史以来最大的骗局，在联邦储备银行之外。它使各国完全依赖美国的援助，这有双重目的。

> 这使得这些国家仍然受制于他们在外交关系委员会的主人的意志。

> 它向美国纳税人征收的税款超过了他的支付能力，使他忙于谋生以维持生计，以至于他没有时间环顾四周，看看是什么造成了他的痛苦。这一制度始于1946年。

基辛格将流氓行为引入世界政治。OSS的朱利叶斯-克莱因（Julius

Klein）给了基辛格在军队中作为克拉姆将军司机的工作。基辛格自从被英国人接管后，在世界政治中充当了流氓，使美国的形象和公**众**损失惨重。

主要是基辛格的工作造成了非洲数百万饥民的痛苦，使各国俯首称臣，放弃了他们的主权完整。

这令人难以置信，三四年前不可能发生，但现在就在我们的眼皮底下发生了，在巴西、墨西哥和阿根廷，国际货币基金组织，这个非法的单一世界政府组织，罗马俱乐部的私生子，正在迫使各国屈膝投降，放弃他们的主权完整和原材料，否则将面临破产。

这个独特的国际银行的建立是为了抢劫、剥离和剥夺**每个弱小国家的自然**资源。这就是国际货币基金组织的目的。国际货币基金组织是罗马俱乐部能够主宰这**么多国家的关**键因素之一。

现在，我不相信我比华盛顿的这些参议员和国会议员更有知识，我的收入也无法与他们的工资相提并论，但这些所谓的我们人民的代表却支持违宪资助强盗般的国际货币基金组织，该组织最终将接管美国的信贷和货币政策，在一个世界政府的状态下奴役人民。

我们的代表--*如果他们曾经是我们的代表的话*--只要我们有哪怕是一小撮愿意遵守宪法的立法者，就可以用**笔**为美国带来秩序和稳定。我们可以通过废除联邦储备委员会开始这个国家的新工业化；通过决定一个公平的分配制度；以及通过引进核电，不仅在这个国家，而且在所有发展中国家。

我相信，我们将进入这个世界的乌托邦时期，这是我们以前从未见过的。当然，这与罗马俱乐部的计划完全相悖，不仅是对这个国家，而且对世界其他国家。

罗马俱乐部的工作有几个有趣的方面，其中之一，正如我之前提到的，是**种族**灭绝的全球2000年计划，该计划是基于德雷珀基金人口危机委员会的报告，得到了马克斯韦尔-泰勒将军和其他军人的支持。

对于那些向我询问军队中某些人的人，我建议你问问他们是否支持德雷珀基金人口危机委员会和全球2000年**种族**灭绝报告的结论。

泰勒将军从所有马尔萨斯主义者的荒谬假设出发，认为财富来自于自然资源。泰勒将军认为，发展中国家的人口消耗了太多精英阶层在未来几个世纪需要的原材料。

第十五章

2000年全球报告

因此，这种说法认为，我们现在必须采取行动，通过限制获得技术和保持食物的短缺来尽可能地降低消费。

我们必须准备好让第三世界的人民挨饿，这样他们国家的原材料就不会被自己的人民吸收，而是供世界领导人使用。

这是全球2000年报告和麦克斯韦-泰勒将军的德雷珀基金人口危机委员会的基本前提。毫不奇怪，罗伯特-麦克纳马拉也参与了这一思路。

毕竟，我们非常熟悉麦克纳马拉在越南扮演的角色，也许不太熟悉罗马俱乐部在制定种族灭绝政策中扮演的角色，而这一政策是由柬埔寨的波尔布特政权执行的。

这个阴谋是在柬埔寨孵化并启动的，是一个实验。不要以为同样的事情不会发生在美国；它可以而且将会发生。泰勒和麦克纳马拉是将北约部署在其行动区（欧洲）之外的大支持者，这违反了北约的宪章，该宪章要求北约只在欧洲行动。

换句话说，由于北约部队的存在，顽固的国家将被迫在入侵的威胁下向国际货币基金组织支付高利贷债务。这确实是底线，是对文明行为的威胁。

我们的文明和遗产岌岌可危；由雅典的索伦人和爱奥尼亚城邦的共和国传下来的，我们可以追溯到治理的冲动，我们的基督教理想，以及基督教的两个特点是这种理想的核心。

我们必须按照《创世记》的规定管理自己，"要生**养众**多，遍满地面，使之归顺"。我们可以增加和维持人类的生活，使其变得优秀，比现在好得多。不是为那些知道邪教和神秘主义的深奥规则和秘密法则的少数人，而是为大多数人，即基督说他来解放的绝大多数人，我再次严格地在非宗教背景下使用这一说法。

我们必须在基督教原则的影响下管理自己，以基督为榜样，完善他的理性思维能力，表达他对上帝的信仰，一个活生生的上帝，他将永远把人的生命视为神圣。

我们决不能让这些神秘的黑魔法艺术家让我们相信人类是一个大众的人。这是个谎言。人类不是一个群体；我们每个人都是一个独立的个体，这一点从我们有各自的指纹这一事实中得到了强调。

世界上没有**两**组指纹是完全相同的。因此，我们不是一群人，我们是个人。我们必须收集技术信息，并在罗马俱乐部将我们降为一队容易管理的亚人类之前好好利用它，完全依赖他们的施舍和我们的生存，而我们的生存有望非常微薄。

任何接受罗马俱乐部的马尔萨斯政策崇拜的国家领导人，简单地说就是只让少数人受益而牺牲多数人的利益，都是在诅咒自己和自己的人民遭受一千年的奴役。

在马尔萨斯的限制下，任何国家都不能发展或增长，因为如果它这样做，它将耗尽自然资源，根据罗马俱乐部的说法，这些资源属于少数人，即统治阶级。这样的国家注定要灭亡，因为遵循这种政策的邪恶影响无法在**阳光下生存**。

这就是国际货币基金组织对巴西和墨西哥施加的所谓"条件
"的背后原因。IMF实际上希望这些国家继续贫穷下去。

结果，它使贷款的条件无法满足，以至于各国为了偿还利息而疲于奔命。因此，他们将自己的身体和灵魂交给国际货币基金组织的指令和控制，正如我所说的，该组织是罗马俱乐部的金融部门。我们决不能袖手旁观，让这些事情发生。

罗马俱乐部很清楚，即使我们的公民不清楚，19世纪所有成功的工业国家，除了英国之外，都是以美国的政治经济学体系为动力的，然而今天没有一所美国大学教授这种体系。他们不敢教。

社会主义者，费边社的拉斯基教授，已经禁止了它。但我们看到它就在我们眼前--
只有在日本，美国的制度仍在成功应用。这解释了日本经济对美国经济的明显优势。我们被迫放弃我们自己的美国政治经济体系，而支持黑人贵族关于事情应该如何运行的想法，这就是世界社会主义的行动。

但日本却回避了。日本经济的表现证明，如果你给它一个机会，美国的制度是可行的。但是，美国社会有一个叫做罗马俱乐部的毒瘤，它正在阻挠政府，阻挠我们的立法机构，阻挠核电的进展，破坏我们的钢厂、汽车工业和住房工业，而日本人却在前进。当然，他们也会受到很大的挫折，一旦罗马俱乐部感到足够强大，它就会把注意力转移到日本人身上，他们将遭受同样的命运。

我们决不能允许这种情况发生。我们必须为保持美国的文明和工业国家而奋斗。我们必须找到再次遵循乔治-
华盛顿政策的领导人，就政治经济而言，赶走把这个国家带到毁灭边缘的凯恩斯、拉斯基、基辛格和布什家族。

历史告诉我们，基督教是作为反对黑暗势力的体制力量出现的。基督说："我来了，要给你们光明和自由"。

它针对的是当时被法利赛派少数精英认为是社会败类的人。

第十六章

黑人贵族

基督教产生了最强大的国术和文化的文明形式，这就是为什么罗马俱乐部如此强烈地反对基督教教义。据我所知，在公元1268年左右，建立西方基督教世界单一国家的最后一次努力被威尼斯人领导的黑鬼子打败了，他们打败了与意大利伟大诗人但丁-阿里盖里有**关的部**队。

欧洲为创建新型国家做了许多尝试。主权民族国家共和国的基础是共同使用一种共同的语言，取代了当时盛行的方言。但丁的**构想很好，它一直**坚挺到被打败，正如我们所知，这是1603年在威尼斯人的傀儡詹姆斯一世的领导下建立的英国君主制粉碎了英格兰的共和主义力量的直接结果，[er]。

我们知道，正因为如此，人们尽一切努力来粉碎这种新形式的民族国家共和主义。这场战争一直持续到今天。美国的独立战争从未结束。自1776年以来，这一直是一场持续的"战斗"，从那时起，美国已经输掉了两场重大战斗。

1913年，我们被联邦政府的两个行为打败了：引入累进所得税--马克思主义的学说--

和建立联邦储备银行，一个私人银行垄断。

但甚至在这之前，1876-
79年通过的《货币恢复法》对美国共和国造成了可怕
的打击，当时美国放弃了对其国家信贷货币和债务政
策的主权，并将年轻共和国的货币政策置于伦敦黄金
交易所的国际银行家的摆布之下。对我国货币事务的
内部权力后来越来越多地受到英国和瑞士银行家的强
大代理人的摆布，他们通过罗斯柴尔德家族的亲戚奥
古斯特-
贝尔蒙特和J.P.摩根王朝，派他到美国来维护他们的利
益。

尽管伦敦黄金交易所系统本身在第一次世界大战和第
二次世界大战之间相继崩溃，但英国-
瑞士的威尼斯人方迪，即拥有资金的人，根据《布雷
顿森林协定》建立了对世界货币事务的实际独裁统治
，这是一个世纪的诈骗。

美国有能力摧毁所有这些束缚其人民的枷锁；它可以
，而且可以，只要我们能选出将国家置于个人利益之
上的立法者，并承诺摧毁这个社会主义的怪胎，它扼
住了我们的喉咙，我们现在称之为罗马俱乐部。

有几个人问我："如果**你**说的是真的，为什么我们的大
学和学校不教**你**说的那种经济学？"

让我指出，伦敦和瑞士银行家对世界货币体系和事务
的长达几个世纪的独裁统治，是任何美国大学的经济
系或经济学院没有教授正确的经济学或捍卫双金属主
义的货币体系的绝对首要原因，而我们的共和国，美

利坚合众国，正是建立在这种货币体系之上，并使美国成为世界上最富裕和管理最好的国家。

如果真正的经济学被教授，社会主义就会消失。学生们会清楚地看到这个国家的问题所在，并开始寻找责任所在。

只要我们这个国家允许通过政治和经济决策非法颠覆我们的主权，并使自己屈从于国际货币基金组织和国际清算银行等超国家货币机构，只要美国律师协会、"我们的 "律师、"我们的 "政府、"我们的 "国会议员和"我们的
"私营经济继续向这些颠覆性货币机构、这些超国家金融机构献媚，我们的国家就注定会失败。

我们不应该讨好一个超国家机构，也不应该按照它想对我们下达的规则行事。就在最近，我们再次看到国会是如何配合邪恶的计划，救助那个被称为国际货币基金组织的卑鄙的拉斯基-
凯恩斯和社会主义启发的机构。

我们必须告诉我们的公民，国际货币基金组织和罗马俱乐部到底是怎么一回事。经济学并不是一个多么复杂的学科。一旦你理解了这些原则，就很容易遵循。让我举几个例子说明我们是如何背叛自己的，允许社会主义国际超国家组织的指令像癌症一样占据我们的国家。

以第二次世界大战战后不久的时期为例：我们国家约62%的劳动力受雇于物质产品的生产或这些产品的运输。今天，如果我们使用官方统计数据--

充其量也是非常不可靠的--
我们的劳动力中只有不到30%的人受雇于这一水平。
失业率约为20%。全国劳动力就业构成的变化是通货
膨胀的根本原因。这就是主要问题。

如果我们看一下历史，特别是19世纪70年代，我们看
到生产商品的成本普遍下降，财富生产进步的通货紧
缩周期，主要是由美国政治经济学体系的影响造成的
，促进了工业进步和农业生产率提高的技术进步。但
是，自从19世纪80年代伦敦黄金交易所系统将世界货
币事务的控制权掌握在少数人手中以来，可怕的萧条
接二连三地发生，中间还夹杂着漫长的通货膨胀螺旋
。

这是控制这个世界的马尔萨斯力量的直接产物，与约
翰-斯图尔特-米尔、哈罗德-拉斯基和约翰·梅纳德-
凯恩斯的学说有关。所谓自由市场经济的政策，除了
增加对虚构的租金资本化形式的投机性投资和地主金
融家的高利贷，而牺牲了对真正的技术和真正的有形
商品的逐**步生**产的投资。

这就是为什么我对我所有的朋友说："远离股票市场"
。股票市场是一个虚构的投机性投资空间，它不是一
个将资金投入到技术进步的空间，以逐步有序的方式
生产有形商品。

因此，股票市场必须崩溃。它不可能永远持续下去，
也不可能永远维持下去。这是一个热气腾腾的泡沫，
有一天会被放气，当这种情况发生时，许多人将承受
后果。

诀窍是在事情发生之前，让人们现在就去倾听。在罗马俱乐部的推动下，信贷的流动从商品生产和农业生产转向非商品生产形式的金融投资。当然，这给国家带来了巨大的问题。

金融和就业流动构成的变化，既是周期性大萧条的原因，也是我们现在的经济体系中所包含的长期通货膨胀运动的原因。我无意将这篇文章变成经济事实的陈述，但有时有必要让我们注意到这些事情。今天在美国有一股邪恶的力量在起作用，它被称为社会主义，罗马俱乐部代表它行事。

它是一个致力于破坏我们所知的美利坚合众国的组织。它是一个致力于新世界秩序来临的组织，在这个世界上，所谓的少数特权者，即300人委员会，将统治世界。

除非我们能把有诚意的人聚集在一起，迫使我们的政府改变政策，否则我们的命运肯定会被注定。要做到这一点，就必须清理门户，清除奥吉亚斯的马厩，摆脱罗马俱乐部等秘密组织，使他们不再能够支配事件的进程，控制这个伟大国家的未来。除非我们这样做，否则我们将在一个世界政府--
新世界秩序中走向奴役。

已经出版

OMNIA VERITAS LTD 提出了：

约翰·科尔曼

阴谋家的等级制度
300人委员会的历史

作者：约翰-科尔曼

这个反对上帝和人类的公开阴谋包括对大多数人类的奴役

OMNIA VERITAS LTD 目前：

约翰·科尔曼

撒谎的外交
英国和美国政府的背叛行为记述

作者：约翰-科尔曼

联合国的创建历史是一个通过谎言进行外交的典型案例

OMNIA VERITAS LTD 目前：

约翰·科尔曼

罗思柴尔德王朝

作者：约翰-科尔曼

历史事件往往是由一只"隐藏的手"造成的。

OMNIA VERITAS
OMNIA VERITAS LTD 目前:
关于共济会的一切
在21世纪，共济会与其说是一个"秘密社会"，不如说是一个秘密社团。
作者：约翰-科尔曼
这本书解释了什么是共济会
约翰 科尔曼
关于共济会的一切

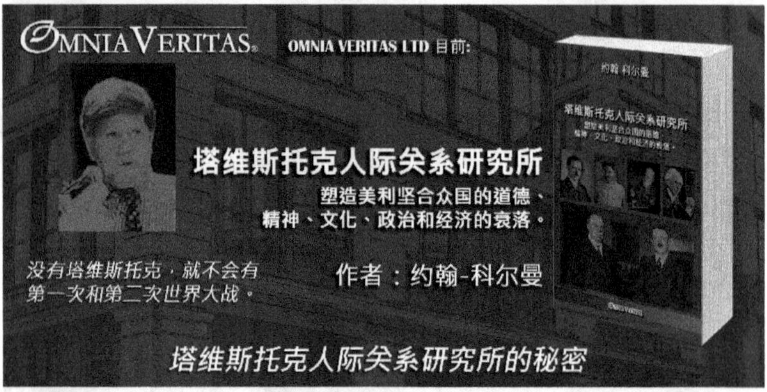
OMNIA VERITAS
OMNIA VERITAS LTD 目前:
塔维斯托克人际关系研究所
塑造美利坚合众国的道德、精神、文化、政治和经济的衰落。
没有塔维斯托克，就不会有第一次和第二次世界大战。
作者：约翰-科尔曼
塔维斯托克人际关系研究所的秘密
约翰 科尔曼
塔维斯托克人际关系研究所

OMNIA VERITAS
OMNIA VERITAS LTD 目前:
社会主义世界秩序的独裁统治
这些年来，当我们的注意力集中在莫斯科的共产主义的罪恶上时，华盛顿的社会主义者正忙着从美国偷东西！这就是美国的社会主义。
作者：约翰-科尔曼
"华盛顿的敌人比莫斯科的敌人更让人害怕"。
约翰 科尔曼
社会主义世界秩序的独裁统治

www.ingramcontent.com/pod-product-compliance
Lightning Source LLC
Chambersburg PA
CBHW072207270326
41930CB00011B/2563